AIが答えを出せない
問いの設定力

鳥潟幸志
Koji Torigata

CROSSMEDIA PUBLISHING

はじめに
AFTER AI時代のコア・スキルとは？

「外部環境の変化が早すぎて、将来に不安を感じています。とくに近年の生成ＡＩやテクノロジーの進化によって、今の仕事が5年後・10年後もそのまま残り続けるのか確信を持つことができません」

「とりあえず、時間を確保して自己投資をしているが、この投資が本当に意味あるものなのか分からずに不安が募っています」

「自分軸を持って、自分らしく、自身の強みを活かして、今の環境で活躍したいです。しかし、実際のところ何を目指して努力をすればよいか分かりません」

これらは、私がビジネススクールの教員として、さらに動画学習サービスの事業リーダーとして数十万を超える社会人と接する中で聞こえてきた悩みです。年齢層も10代から60代と幅広い層の方々が同様の悩みを抱えています。もしかしたら、本書を手にしていただいている読者の皆さんの中にも、心のどこかでこのような悩みを持っていらっしゃる方は多いのではないでしょうか。

テクノロジーの進化に伴う変化の必要性は、インターネットが登場して以降も常に議論をされてきたテーマです。しかし、ここ数年の人工知能、とくに２０２２年11月にOpenAIがリリースしたChatGPTに代表される「生成ＡＩ」を震源とした地殻変動は、これまでの変化とはその質もインパクトも異なっていると言えます。これまでのＩＴ技術の発展は、情報収集・コミュニケーション・作業プロセスなど多くの側面で私たちに多大なメリットをもたらしましたが、本質的には私たちの祖先が時間をかけて行ってきた作業を「効率化する」という変化が中心だったと言えるでしょう（ex：手紙から電話、メールへ。手書きのメモ作業から、音声認識でテキストへ。書籍で情報収集から、ネットで検索へ）。

ChatGPTに代表される生成ＡＩでは、「考える」という人間が持つ重要な営みの一部をコンピュータが代替しつつあると考えられます。例えば、メールマガジンのタイトルのアイデア出し、顧客へのメール文書の素案作成、ビジネスプランのアイデア出しなど、これまで数時間、内容によっては数週間かけて行ってきた業務をほんの数秒で完了させてくれます。私自身も、日々のビジネスシーンで生成ＡＩを立ち上げて、議事録の要約文書の作成や、企画のアイデア出し、スピーチ原稿の素案作成など幅広い領域で活用をしています。プライベートでも、ChatGPTを活用して毎朝15分ほど英語学習をしています。

私が勤務する株式会社グロービスでは、２０１７年にＡＩ経営教育研究所を立ち上げ、教育領域におけるＡＩの可能性を研究してきました。前述のOpenAIがＡＰＩを公開した翌々日には、世界初の生成ＡＩを活用した教育プログラムの開始を発表しました。さらに、その３カ月後には動画学習サービスの「ＧＬＯＢＩＳ 学び放題」に生成ＡＩを活用したフィードバック機能をリリースしました。この機能では、毎日数十万を超えるユーザーさんの振り返り内容に対して、ＡＩがまるで講師のような形でフィードバックを行うことが可能になっています。この機能のリリースに向けては、私自身も企画担当としてエンジニア、デザイナーと共にプロジェクトに深く関与しました。

ＡＩに触れて感じた3つの気づき

このように、日常業務や担当プロジェクトにおいて、生成ＡＩと深くかかわる中で、いくつかの気づきがありました。**1つ目の気づきは、「生成ＡＩに入力する〝問い〟の質によって、引き出される回答に大きな違いがある」ということ**です。例えば、「ｘｘプロジェクトを成功させるためのアイデアとは何か?」という、抽象的な問いを入力した場合、その回答は「可もなく不可もない」一般的な内容が出力されることになります。一方で、「Xというミッションを実現し、目標数値Yを達成するために、最初に考えるべきテーマは何か?」という具合に、**詳細な問いを設定することで、より踏み込んだ回答を引き出すことが可能となります。**これらのテクニックは、「プロンプト・エンジニアリング」といった言葉で表現されることもありますが、**私が興味を持ったのはその手法論ではなく、そもそもの「良い問いとは何か?」ということでした。**

先ほどの例で考えると「Xというミッション」や「目標数値Y」という部分は、何によってつくられるのでしょうか?　それは、人間が生み出す〝意思〟であり、それが含まれている問いこそが良い問いなのではないかという仮説を持ちました。さらに、その意思は結局、本人が持つ価値観や哲学、「自分らしさ」がベースとなって生み出されるものであると考えるに至りました。もっと踏み込んで言えば、**良い問いを投げかけて、良い答えを引き出し、さらに問いを重ねていくというプロセスは、AIの活用だけではなく普段の実生活でも、そのまま求められる能力である**と思います。

2つ目の気づきは、「良い問いを入力し、良い選択肢が提示されたとしても、最終的にそれをどのように判断するかは人である」ということです。 生成AIは過去に蓄積された大量のテキスト情報から**もっともらしい回答**を生成するのであって、言い換えれば可能性の高い選択肢を提示しているにすぎません。だからこそ、あくまで決定する主体は私たちにあり、決定したことにより生じた結果に責任を負う必要があります。では、私たちは生成AIが生み出す選択肢に対して、どのように決断すればよいのでしょうか？　この疑問に対する私なりの仮説は、本編で触れたいと思いますが、1つ目の問いの設定力と同様、**「決める力」**は普段の私たちの生活においてもますます重要になる能力だと思います。

3つ目の気づきは、「生成AIが機械的に生み出した答えに我々は従いたいのか？　という疑問であり、やはり私たちは魅力あるリーダーが語りかける内容についていきたい

と思うのではないか」という仮説です。先日、この疑問に関連する興味深い実験結果を目にしました。簡単に要約すると、ＡＩによって作成された数十枚のアート作品を「人間によって作成された」あるいは「ＡＩによって作成された」というラベル付きで提示し、参加者に評価してもらいます。結果として、参加者は「人間によって作成された」とラベル付けられた作品の方を好む傾向があったと報告されています。この傾向は、作品の美しさ、深さ、価値などの基準においてとくに顕著に見られました。（出典：Humans versus AI: whether and why we prefer human-created compared to AI-created artwork）

上記の研究結果は、アート作品の評価がその質や内容よりも、誰が作成したかという情報に影響される可能性があることを示唆しています。さらに深く考えると、生成ＡＩがどれだけ正しい戦略を立てて、実行計画を提示しても、それを受け取る人たちが前向きに捉えて実行しない限り意味がないと言えます。だからこそ、**ＡＩが普及し進化した時代だからこそ、人が人に与える影響、つまり人を巻き込むリーダーシップの重要性が高まる**のではないでしょうか？

ここまで3つの気づきを見てきましたが、これらの考察を踏まえて、ＡＩ時代に求められる能力として次の3つが大切であるという仮説を持つに至りました。

1. 問いの設定力
2. 決める力
3. リーダーシップ

さらに、これら3つの能力の質に大きな影響を与えるものとして、

4. 自分らしさ(=自身の人生観、哲学、志など)

が、より重要になると考えています。良い問いを生み出すのも、物事を決めるのも、周囲を巻き込むのも、外の世界に一般的な解がありそれを活用するのではなく、本人の内面にある価値観が大きく影響していくと考えます。もちろん、先例や他人の考えを参考にする時があってもよいでしょう。しかし、常に外部の情報に頼っていては自分で物事を考え、決めて、周囲に影響を与えることは難しくなっていくのではないでしょうか。その辺りの背景は、本編で詳しく述べていきたいと思います。

そして、この「自分らしさ」を深掘り・結論を導くためには、自身の内面に向けた「問いの設定力」が必要になると考えています。

「自分らしさ」と「問い」の関係について

冒頭でも触れたように、私たちを取り巻く環境の変化は早く、その変化の度合いも大きくなっています。その中で、自分らしく生きるためのヒントや答えを求め続けることは、大変なことです。私の場合、忙しい社会人生活の中で必死に結果を出そうと多くの情報を取得し、気付けば常に答えを外に求める状態が続いていました。朝起きてＳＮＳで友人・知人の発信を確認し、通勤時間にはニュースメディアで情報を取得し、仕事が始まると大量の会議や打ち合わせ、メールの返信等を行ってきました。仕事が終わって帰宅する頃には、頭も体も疲れていて何も考えることができない状態でした。それでも自分が求める情報は外にあると信じて、常に外の情報を探し続けました。おそらく、過ごす時間の99％は意識が外に向かっていたと思います。

社会人2年目に、私は縁のあった友人3名と一緒にPR会社を創業することになりました。取締役COOという立場で、まさに寝る間も惜しみ事業成長に向けて邁進してきました。事業内容にも意義を感じ充実した日々を送っていた私でしたが、30歳前後の年末年始休暇の間に改めて自分の内面に向き合いました。その中で、幼少期からずっと興味のあった**「教育」**というテーマを再度意識するようになりました。そこで、私はまた外に答えを求めるべく、教育関連の書籍を読んだり私が尊敬する方々にキャリアの相談をしていきます。取得する情報は全て正しいけれど、どれも決め手に欠ける。常に頭の中にモヤモヤがある状態のまま約2年続きました。危機感を持った私は、思いきって自分自身に向き合う覚悟を決めて、徹底的に考えました。

自分は本当は何をしたいのか？
なぜ、教育という領域に興味があるのか？
自分たちで立ち上げた会社から離れてまでやる仕事なのか？
教育業界に転身すれば、きっと給与も大幅に下がる。それでもいいのか？
家族は反対しないのか？

いろいろな問いを自分に投げかけて、丁寧にそれに答えていきました。そのやりとりをノートに書き出して改めて読み返した時に、私の中で結論は出ていました。すでに私の中に答えがあったのでしょう。迷いはありませんでした。自分自身へ問いかけ、自分自身と対話することで、本当に重要なことが表面化したのです。

この経験をきっかけに、「問いの持つ力」に興味を持ち始めました。問いは、重要な判断を促すとともに、日々の小さな行動や日常生活にも影響を与えるものです。また、これまで見てきた通りＡＩやテクノロジーを使いこなす際にも大切になると考えられます。ただし、この問いの可能性を十分理解し、活用することはとても難しいと感じます。本書では、「一度しかない大切な人生を自分らしく生きていくために、問いをどのように役立てることができるのか」という点についても触れていきます。

クリエイティビティと問い、そして「自分らしさ」との関係について

先ほども触れましたが、生成ＡＩを適切に利用することで、アイデアを無数に生み出

すことが可能になります。私自身も、プライベートから仕事に至るまで、多くのアイデアを生成ＡＩと共に考える習慣があります。これは非常に便利な一方で、多くの人がこれらのツールを活用することで、類似したアイデアが溢れ、クリエイティビティが相対的に平準化されていく可能性もあると感じます。その意味では、一部の天才や発明家がもたらす強烈なクリエイティビティは、今後も影響を与え続けるでしょう。一方で、これからは一般のビジネスパーソンがそれぞれの持ち場で発揮するクリエイティビティこそが重要になっていくのではないかと思います。それは、目の前の小さなイノベーションだったり、現場を知り尽くしたからこそ生み出せる微細な修正・改善だったりします。そして、そのオンリーワンの小さなクリエイティビティ同士が繋がり、組み合わされることで、結果として大きな変化を生み出していくと考えます。その独自の小さなクリエイティビティのベースには「自分らしさ」が必要であり、それを深掘りするための「問い」が大切になるのです。

もし、本書を手に取ってくださる皆さんが、変化の激しい時代における能力開発のこと、仕事のこと、キャリアのこと、友だちとの関係などに悩みを持ち、その解決のために外部にのみ答えを求めているのであれば、勇気を出して、自分に向き合っていただきたいと思います。「自分らしさ」をベースにした思考・行動が、きっと皆さんに自信をもたらしてくれると思います。本書は、そのための一助になればと思い、執筆をさせていただきました。

２０２４年3月吉日

著者

AI が答えを出せない 問いの設定力　目次

第1章 AFTER AI 時代に求められる能力

第2章 なぜ「問い」が必要なのか？

第3章 「問いの設定力」を高める

第4章 「決める力」を高める

第5章 「リーダーシップ」を磨く

第6章 「自分らしさ」に沿って生きる力とは？

第7章 「自分らしさ」を再発見する、問いの設定力

第 1 章

AFTER AI時代に求められる能力

ＡＦＴＥＲ ＡＩの定義と時代の変遷

第1章では、ＡＦＴＥＲ ＡＩの時代に私たち社会人に求められる能力について考えてみましょう。ここで使っているＡＦＴＥＲ ＡＩという言葉ですが、本書では**「テクノロジーが人間の〝考える〟という作業の一部を代替していく状態」**と定義してみます。本書の冒頭でも触れた通り、生成ＡＩの登場によりごく単純な思考作業からクリエイティブ作業に至るまで、幅広い領域でヒトからキカイへの作業シフトが発生しています。一方で、それ以前のＢＥＦＯＲＥ ＡＩの時代においては、テクノロジーは多くのイノベーションを起こしながら進化しているものの、〝考える〟主体はあくまで人間であり、テクノロジーはその補助として効率化を支援する内容が中心でした。

ここで、改めて今の私たちを取り巻く環境とこれまでのテクノロジーの進化の経緯を、産業革命の歴史と照らし合わせ確認してみましょう。

産業革命の歴史は、人間の既存作業や労働を根本的に変革し、業務効率を大きく向上させてきました。第一次産業革命（18世紀後半）は、蒸気機関の登場により、手作業中心の生産から機械による大量生産へと移行しました。これにより、繊維産業などが劇的に変化し、物流や交通の効率化が進みました。

続く第二次産業革命（19世紀後半から20世紀初頭）では、電力の普及により、工場生産が一層効率化されました。大量生産システムが確立され、フォードの自動化された流れ作業は、自動車産業などに革新をもたらしました。同時に、電話や電報の発明が、コミュニケーションのスピードを飛躍的に高めました。

20世紀後半の第三次産業革命では、コンピュータとインターネットの普及により、情報の処理能力と共有速度が格段に向上しました。これにより、データの分析、文書の作成、通信などの業務が大きく効率化され、ビジネスのグローバル化が加速しました。

そして現在進行中の第四次産業革命は、ＡＩ、ロボティクス、ビッグデータの統合により、これまでの人間の労働をさらに自動化し、効率化しています。サイバーフィジカルシステムやＩｏＴによるスマート工場は、製造業をはじめとする多くの分野で、人間の作業を機械に置き換え、新たなビジネスモデルを生み出しています。

これらの産業革命は、技術の進歩によって人間の作業を次々と置き換え、効率化することで、経済の発展と社会の変化をしてきました。**そして、２０２２年以降世界中に広がった生成ＡＩ技術は、人の思考やクリエイティブ領域にまで、貢献の幅を広げようとしています。**以下に、本書で表現しているＡＦＴＥＲ ＡＩのイメージを図表化しておきます。

図　AFTER AIのイメージ

本書の定義	フェーズ	ヒトからキカイへの代替
BEFORE AI（前期）	第一次産業革命	肉体労働の代替
BEFORE AI（中期）	第二次産業革命	コミュニケーション手段の代替
BEFORE AI（後期）	第三次産業革命	情報処理作業の代替
AFTER AI	第四次産業革命から現在	思考・創造性の（一部）代替

時代の変遷に合わせて、変化が求められる能力

人類が誕生してから現代に至るまで、「思考・創造性」は一貫して人間が持つ特別な能力と思われてきました。それが、テクノロジーの急速な発展によりごく単純な思考作業を皮切りに、少しずつ代替される可能性が見えてきました。この技術トレンドの前後で、私たちに求められる能力にはどのような変化があるのでしょうか？　ＢＥＦＯＲＥ ＡＩ（後期）からＡＦＴＥＲ ＡＩにかけて、必要な能力がどのように変化するのかを表した図、Ｐ24を参照してください。

図の左側に示されている内容からみていきます。まず、ＢＥＦＯＲＥ ＡＩ（後期）については、コンピュータとインターネットが普及した後の２０００年代以降をイメージいただきたいと思います。この時代には、スマートフォン、ＳＮＳ、動画共有サービスなど新しいテクノロジーを土台に便利なサービスが数多く誕生しました。その過程で多くのス

タートアップが日本でも生まれることになり、私たちの日常生活も一変しましたが、私たちが普段使うサービスの多くを生み出したのは日本企業ではなく米国を中心としたグローバル企業です。

一方で、日本のＧＤＰの多くは、依然として大企業を中心に生み出されています。そしてそれらの大企業は、１９８０年代以降に成長した製造業や通信業、金融業などを母体とする企業です。これらのビジネスで重要な要素は、製品・サービスの「品質」や効率的なオペレーション構築による「コスト削減」にあります。そのため、多くの大企業が中央集権的でオペレーションを重視した形で組織を運営しています。現在、イノベーションの重要性が叫ばれ、さらに人的資本開示の流れもあり、多くの企業が組織のあり方を変化させようと努力をされていますが、その変革の道のりは長く続くと言えるでしょう。

これとは対照的に、多くのイノベーションを生み出し、柔軟に変化し続けている組織はこれまでと異なるパラダイムで組織運営を行い、そこで活躍する人材も新しい能力を身につけ、アップデートをし続けています。ここからは、ビジネスパーソン個人の能力に焦点を当てながら、ＢＥＦＯＲＥ ＡＩ／ＡＦＴＥＲ ＡＩの求められる能力の変化をみていきたいと思います。

図　「問いの設定力」を巡る全体イメージ

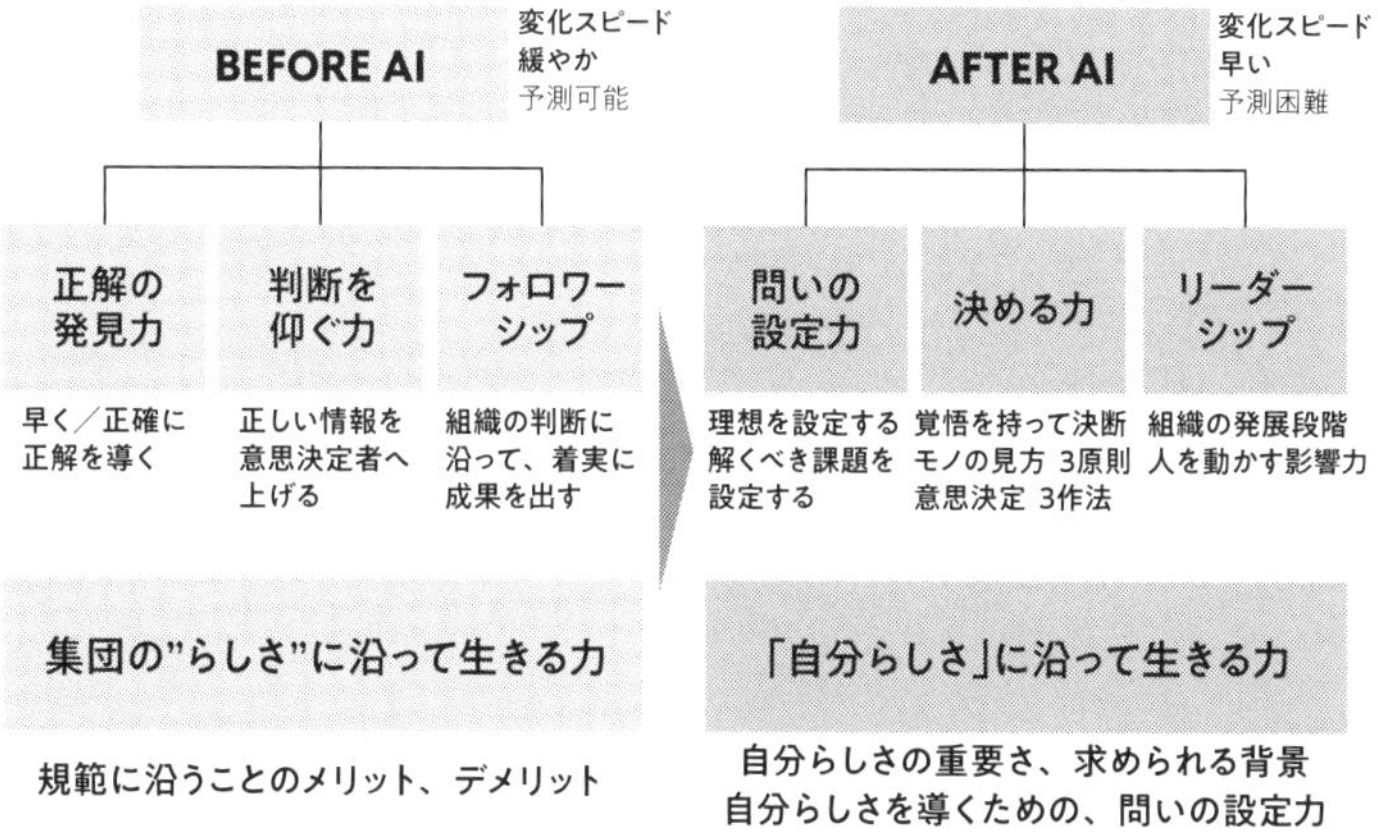
BEFORE AI
変化スピード
緩やか
予測可能
正解の
発見力
早く／正確に
正解を導く
判断を
仰ぐ力
正しい情報を
意思決定者へ
上げる
フォロワー
シップ
組織の判断に
沿って、着実に
成果を出す
集団の"らしさ"に沿って生きる力
規範に沿うことのメリット、デメリット
AFTER AI
変化スピード
早い
予測困難
問いの
設定力
理想を設定する
解くべき課題を
設定する
決める力
覚悟を持って決断
モノの見方 3原則
意思決定 3作法
リーダー
シップ
組織の発展段階
人を動かす影響力
「自分らしさ」に沿って生きる力
自分らしさの重要さ、求められる背景
自分らしさを導くための、問いの設定力

「正解の発見力」から、「問いの設定力」へ

以前の事業環境では、組織や上司が設定した課題や目的を正確かつスピーディに解決することが重視され評価されてきました。営業目標を達成する、業務処理をミスなく遂行する、コスト削減をする、お客様からの質問に正確に回答するなど、日常に溢れる作業の多くには〝正解〟が存在し、そこにいち早く辿り着ける人がエリートとされてきました。

それは、私たちの幼少期からの教育システムも同様です。テストには必ず1つの正解があり、その正解を正確にスピーディに導ける人が〝優秀〟とされ、良い学校へ進学し、良い就職先に入社することができるという具合でした。それは、大量生産・大量消費時代のビジネス環境には最適な教育システムだったのかもしれません。しかし、現在のように変化が激しく、そもそも唯一の正解が存在しない、もしくは課題を正しく特定することすら難しい状況では、**誰かに与えられた課題を解決するだけの能力は、指示待ち人間として評**

価が下がっていくだけではなく、その解決能力そのものがキカイに代替されてしまうリスクがあります。

そのため、正解を発見し解決する能力に加えて求められてくるのが、**そもそも何を解決するべきなのか？　何を理想とするべきなのか？　といった、問いを自ら設定する能力**です。適切なタイミングで、適切な順番で、適切な問いを設定し、思考を促し行動できる人材が、これからの社会では求められると考えられます。この「問いの設定力」の詳細は、第3章で詳しくみていきます。

図　「問いの設定力」が必要なワケ

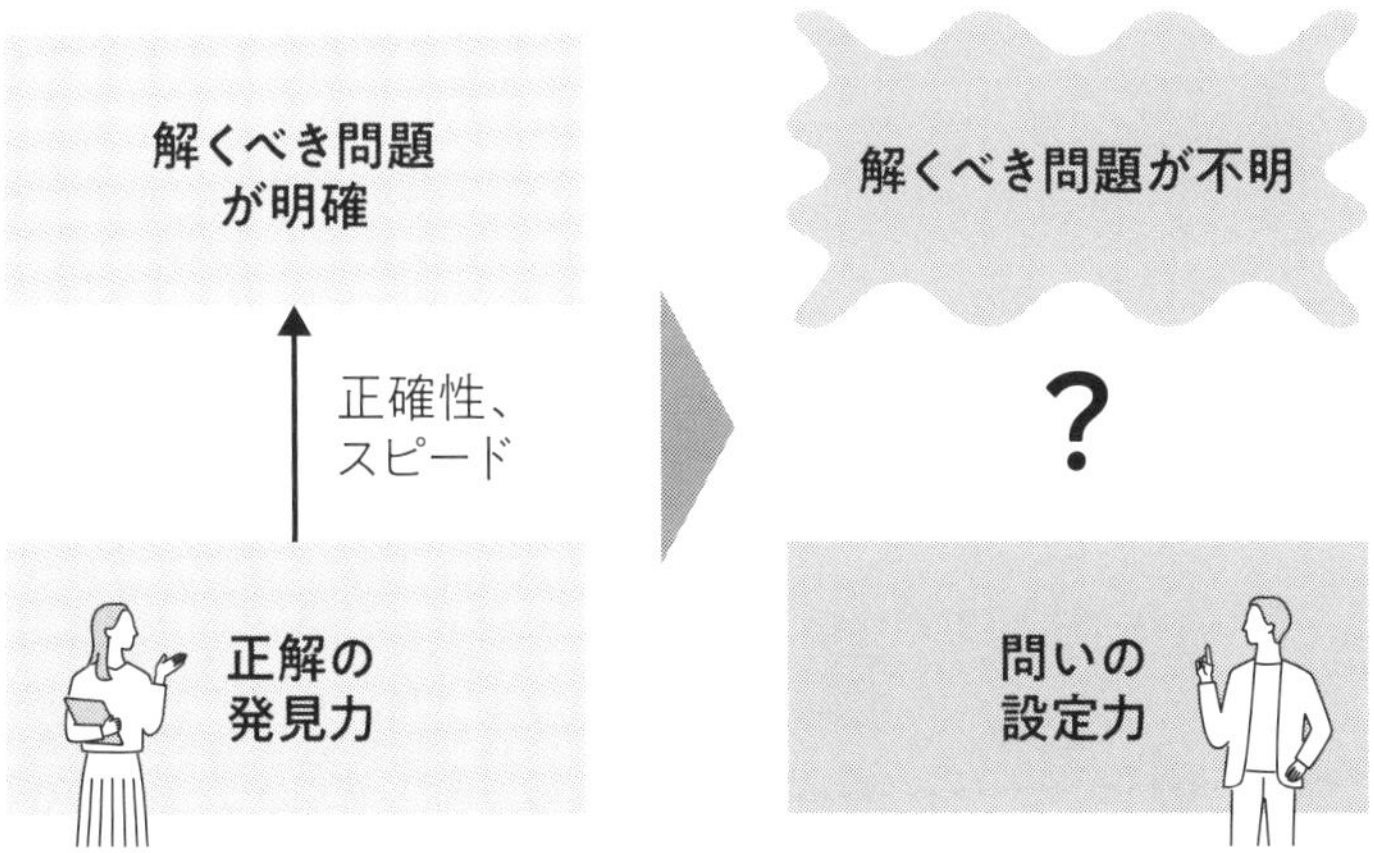

「判断を仰ぐ力」から「決める力」へ

次に意思決定にかかわる内容をみてみましょう。創業社長や個人事業主以外の、組織に所属するほとんどの社会人には、上司が存在するでしょう。当人と上司の関係にもよりますが、与えられた権限の範囲内で仕事をこなし、それを超える範囲については上司に報告・相談して物事を進めることが一般的です。なぜならば、経験や知識も豊富な上司の方が、物事を適切に判断できるとされてきたからです。この時に、情報を適切に収集し、選択肢を示し、上司に判断を仰ぐ力がとても大切になります。

組織規模が大きな組織でマネジャー職にある方にとって、現場の情報を正しく把握することは非常に困難です。そのため、自分が現場に降りるのと同時に、部下が報告する情報に頼る必要があります。その際に、「緊急度・重要度」が高い情報を適切に取捨選択し提供する部下は、とても頼りになるものです。そして、そのような能力を持つ部下は上司に評価され、より上のポジションに引き上げられていくこともあります。

部下から上司へ組織の課題を相談する際に、部下本人の意見を加えて相談することもありますが、それでも最終的な判断はあくまで組織の上司が行うことが一般的でした。しかし、変化の激しい現在の社会においては、あらゆることを上司に相談し指示を仰ぐだけでは、対応スピードが遅くなり、結果として成果を出すことが難しくなってきています。

仕事の進め方に「ＰＤＣＡ」というサイクルがあります。長期的な見通しがあり、計画通りに進めることが重要な職場では、とても有効なフレームワークです。一方で、環境変化の早い業界では、Ｐ（計画）を練っている間に状況が変化してしまい、Ｄ（実行）の意味がなくなってしまいます。刻々と状況が

図　PDCAとOODA

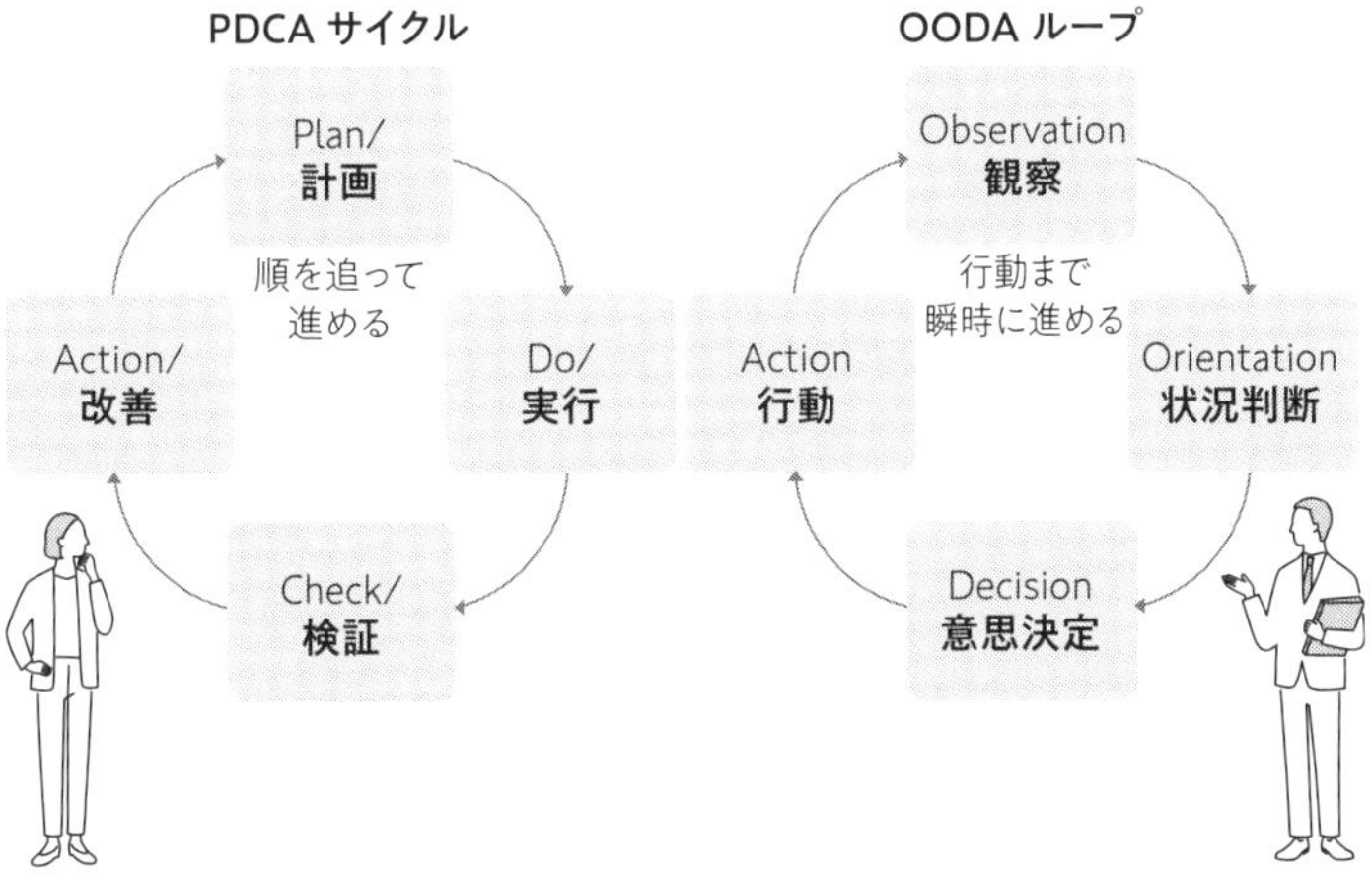

変わるシーンの意思決定のあり方について、ＯＯＤＡ（ウーダ）という考え方があります。米空軍のパイロット、ジョン・ボイド氏が提唱したとされるこのモデルでは、Observation（観察）、Orientation（状況判断）、Decision（意思決定）、Action（行動）のサイクルを回すことの重要性が提唱されています。**まさに前線にいる人が観察して、状況判断し、意思決定し、自分の責任の元で行動する。このような動き方が、これからの時代には求められてくる**のではないでしょうか。

一方で、これまで上司や組織に判断を仰いでいた人にとって、「自分で決める」ということは難しいものです。これまで見てきた通り、生成ＡＩを活用することで複数の選択肢や〝もっともらしい〟回答を瞬時に得ることが可能になります。しかし、**その内容を取捨選択し判断するのは、あくまで私たち人間です。**私もこれまでの社会人人生の中で、急に決める立場になり立ち往生したことが多々あります。第4章では、個人として「決める力」を養うために身につけるべき視点について、解説していきたいと思います。

「フォロワーシップ」から「リーダーシップ」へ

組織に属する人々を大きく2つに分けると、組織を牽引するリーダーと、リーダーの下で活躍するフォロワーがいます。フォロワーシップという言葉は、1992年にカーネギーメロン大学のロバート・ケリー教授による著書『The Power of Followership』の中で初めて紹介されたと言われています。私自身も実感することですが、組織で成果を出すリーダーは、そのリーダーの能力に加えて優秀なフォロワーに支えられていることが多いです。リーダーシップに比べて、フォロワーシップは馴染みの薄い方もいらっしゃると思いますので、改めて意味を確認してみたいと思います。

このフォロワーシップについてロバート・ケリー教授は、次の通り5つに分類をしています。

ケリーは批判的な思考と積極的関与の観点からフォロワーを5つに分けました。横軸に、組織や仕事に対する積極的関与の度合いをとります。縦軸は、リーダーの言動を無批判に受け入れず、自立した思考ができるか、その度合いです。こうして分類した5つを、孤立型フォロワー、消極的フォロワー、順応型フォロワー、実務型フォロワー、模範的フォロワーと呼びます。

1．リーダーを批判する一方で努力しない、不機嫌な服従タイプの孤立型フォロワー

2．考えることをリーダーに頼り、熱意がなく、指示なしでは動けない、消極的

図　5つのフォロワーシップ

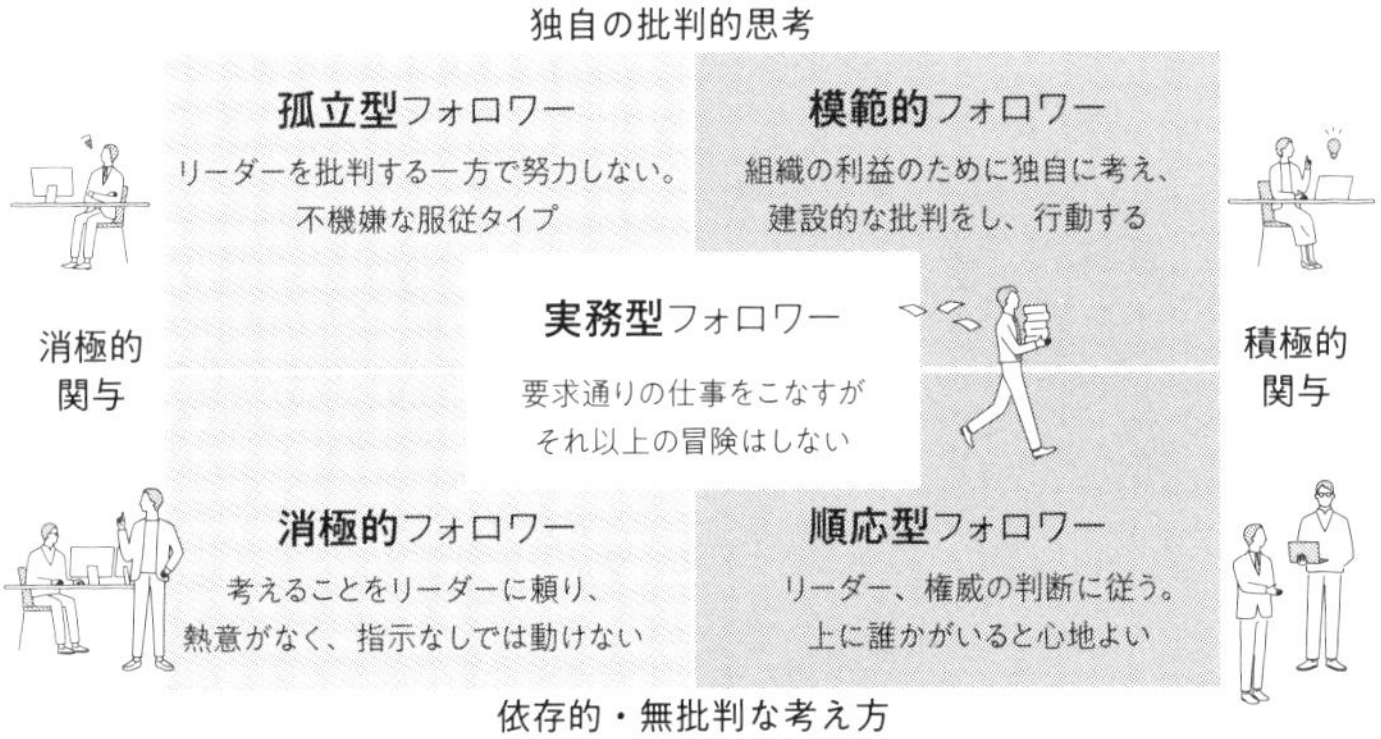

独自の批判的思考
孤立型フォロワー
リーダーを批判する一方で努力しない。
不機嫌な服従タイプ
模範的フォロワー
組織の利益のために独自に考え、
建設的な批判をし、行動する
実務型フォロワー
要求通りの仕事をこなすが
それ以上の冒険はしない
消極的関与
積極的関与
消極的フォロワー
考えることをリーダーに頼り、
熱意がなく、指示なしでは動けない
順応型フォロワー
リーダー、権威の判断に従う。
上に誰かがいると心地よい
依存的・無批判な考え方

それぞれのタイプは、育成や評価方法で「模範的フォロワー」に変わる!

出典：『指導力革命』ロバート・ケリー　プレジデント社 をもとにグロービスで作成

3. リーダーや権威の判断に従い、上に誰かがいると心地が良い、順応型フォロワー
4. 要求通りの仕事をこなすが、それ以上の冒険はしない、実務型フォロワー
5. そして、組織の利益のために独自に考え、建設的な批判をして行動する、模範的フォロワー

それぞれのタイプは育成や評価方法によって、部下は模範的フォロワーに変わり得るとケリーは考えました。過去から現在に至るまで、模範的フォロワーで示されているような人材に評価が集まってきました。もちろん、今後も人と人が協調して仕事を進める以上、この模範的フォロワーのような素質は重要であり続けるでしょう。

一方でAFTER AIの時代には、管理職の立場にない人も含めて、全てのビジネスパーソンにリーダーシップが求められるようになると私は考えています。その理由は次の2点です。

1．変化スピードの速い組織では、一握りのリーダーだけが方針を示すのではなく、現場に近いスタッフが状況判断し方針を示し、周囲を動かすことが期待されるから。

2．生成ＡＩがいかに論理的に正しい結論を出したとしても、人は完全にそれに従いたいと思えず、結局は魅力あるリーダーの言葉に共感し行動を起こすと考えられるから。

この2つについての詳細や背景、さらにリーダーシップを身につけるために必要な視点については、第5章で触れていきたいと思います。

集団の〝らしさ〟に沿って生きる力から、「自分らしさ」に沿って生きる力へ

ハーバードビジネススクール教授で、『イノベーションのジレンマ』などの名著を残したクレイトン・クリステンセンは、ハーバードを卒業する学生に向けて『イノベーション・オブ・ライフ』という書籍を発表しました。イノベーション理論を人生に当てはめるユニークな視点で、発売から20年以上経過した現在でも世界中で支持されている名著です。

この書籍の原題は、『How will you Measure Your Life?』（自分の人生を評価するものさしは何か？）になります。彼の問題意識は、世間的にエリートと呼ばれる卒業生が、長い年月を経てCEOにまで上り詰めたのに、その後に粉飾決算をしたり、仕事に明け暮れて家族と疎遠になり寂しい晩年を過ごしているという事例があまりに多いことにありました。努力をし続けた結果、幸福になるどころか不幸になってしまう。その原因を、彼は人

生の「ものさし」にあると指摘しました。お金、地位、名誉を重要な尺度として努力し続けることは、本当に人生を幸せへ導くのか？　もっと大切な尺度が人生にはあるのではないか？　このような大きな問いを、クリステンセンは提起しました。

この「人生を評価するものさし」という概念は、現代の私たちにとっても大切です。BEFORE AIの時代の組織では、組織のルールに従い、プロセスに従順で、期待された課題を解決することが評価されてきました。この時の「ものさし」は、集団の〝らしさ〟に沿って行動することだったと言えるでしょう。それがより巨大化し硬直化すると、いつしか組織の秩序を守ることが目的化してしまい、顧客や従業員のメリットを犠牲にしてしまうようになってしまいます。明らかに不正であり、道徳的・倫理的に誤ったことだと理解していても、会社組織の内に閉じた「ものさし」に沿って判断し続けた結果、自分でも信じられないような過ちを犯してしまうことになるのです。

では、この「自分らしさ」とは一体何なのでしょうか。それは、**自分の価値観・哲学、人生観など様々な表現の方法がありますが、いずれにしても他者から与えられるものではなく、自分自身で見出していく必要があるもの**です。また、この「自分らしさ」がこれまでみてきた「問いの設定力」、「決める力」、「リーダーシップ」にも大きく影響を与えます。

「自分らしさ」に沿って生きる力の必要性、具体的に「自分らしさ」を再発見するヒントについては、第6章以降でみていきたいと思います。

図　「問いの設定力」と「自分らしさ」

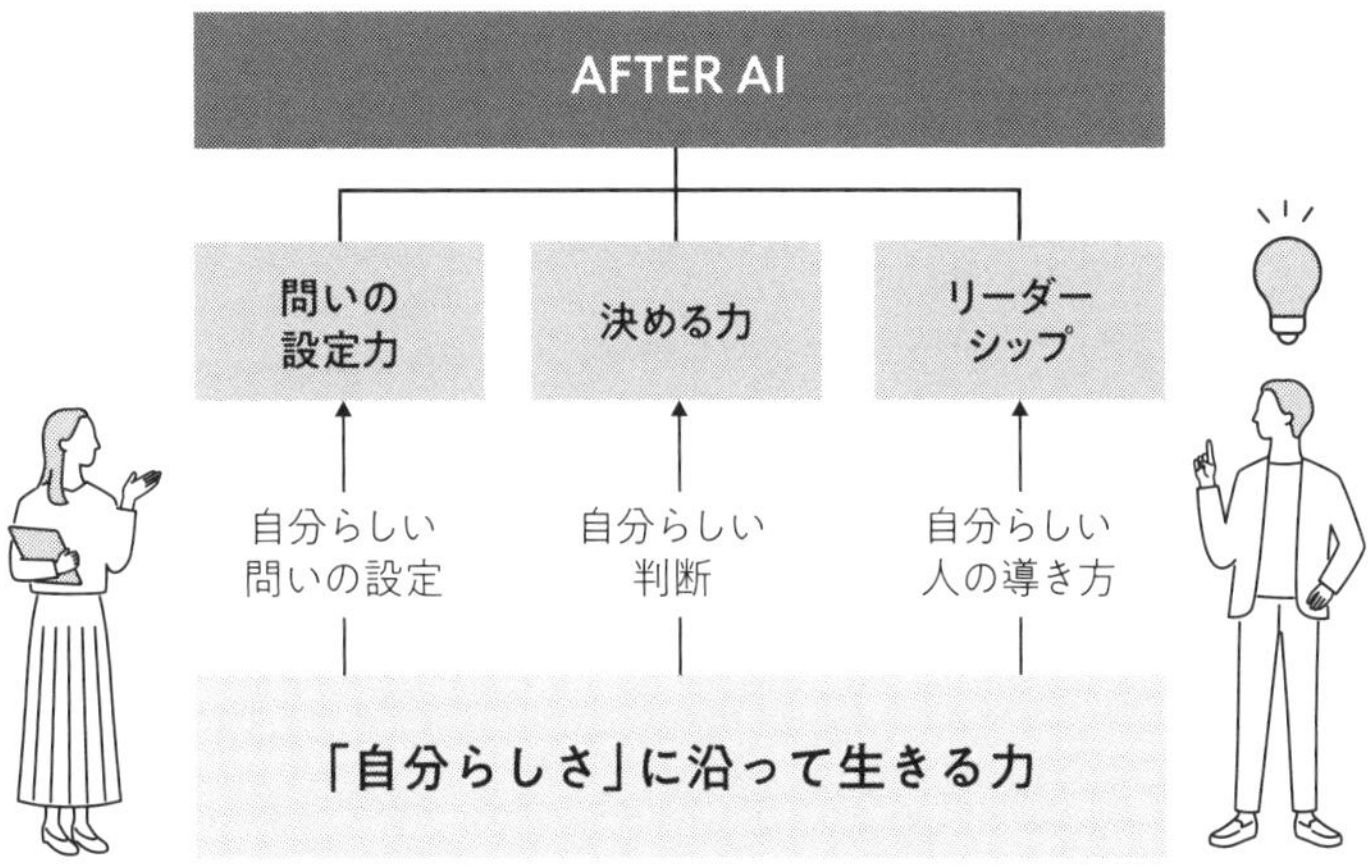

第2章

なぜ「問い」が必要なのか？

AIが答えを出せる「問い」、出せない「問い」

「はじめに」でも触れたように、私は毎日のように生成AIを活用しながら仕事をしています。ちょっとした調べ物から、アイデアの壁打ち役として、さらに最近では英会話レッスンの先生としても活用をしています。英会話レッスンの先生というのは、私が英語で生成AIのアプリに話しかけると英語で応答してくれるわけですが、このラリーを毎日15分程度やりとりしています。あまりのスムーズさ、そして精度の高さに最初はとても驚きました。生成AIは、入力する問いの質によって得られる回答に大きな差が出てきます。回答をより効果的に引き出すためのノウハウは「プロンプト・エンジニアリング」と呼ばれており、注目されている領域です。プロンプト・デザイナーや、プロンプト・エンジニアという肩書を名乗っている人もいるようですが、この領域はこれからも形を変えながら進化し続けると思われます。

また、私が所属するグロービスでは生成ＡＩを積極的に事業に活用しており、OpenAIがChatGPTのＡＰＩを公開してから数カ月の間にユーザー向けサービスを複数リリースしています。私自身は、「ＧＬＯＢＩＳ 学び放題」という社会人向けの動画学習サービスの事業リーダーを務めていますが、その事業でもすでに3つの生成ＡＩを活用したサービスを提供しています。1つを紹介すると、利用者である受講者が動画学習をした後に「振り返りコメント」を入力すると、生成ＡＩからフィードバックコメントが得られるという内容です。グロービス独自のメソッドがプロンプトとして設定されているため、受講者からはまるで教員からフィードバックを受けているようであり、モチベーションも上がるという前向きな評価をいただいています。グロービス経営大学院で教員もしている私としては、動画学習後にユーザーが入力する振り返りにコメントを返したいと常々思っていましたが、数十万を超えるユーザーに人力でコメントするのは不可能と諦めていました。それが生成ＡＩの技術を活用することで、実現できたわけです。

このように日々の仕事や、担当事業においても生成ＡＩを活用している中で、様々な気づきもありました。その中でとくに感じることは、**ＡＩが答えやすい問いと、答えにくい問いがあるということ**です。いろいろな視点で整理が可能ですが、シンプルに4つの観点で整理してみたいと思います。

1つ目は、選択肢 or 意思の視点です。選択肢を求める問い（ex：どのような考え方があるか？）については、ＡＩはスピーディかつ網羅的に答えを出してくれます。実際にアイデアの壁打ちをしたり計画を作る際には、このパターンの問いをぶつけることが多いです。一方で、自分自身が決める必要があるものや、そもそも自分の意思に関係するような問いについては、当然ながらＡＩは答えを出してくれません。例えば、私はどうしたいか？という類の問いです。これはＡＩにではなく、自分自身に問いかけて、自ら答えを導く必要があります。

2つ目は、過去 or 現在の視点です。ChatGPTに代表される生成ＡＩは、過去の膨大なテキストデータを読み込むことで、まるで人間が記載しているような自然な言語を出力します。そのため、過去の情報やある場面で何があったのか？という類の問いへの、もっともらしい回答が得意です。例えば、「徳川家康は江戸時代に何を実現した人か？」という問いに対しては、早々に回答をしてくれます。一方で、私たちが生きている現実社会である「イマ・ココ」で何が起きているのか、そしてその状況を踏まえてどのような判断をするべきかという類の問いには、現時点での技術レベルでは対応が難しいと言えるでしょう。センサー技術とクラウド情報、さらにＡＩ技術等を組み合わせた自動運転などでは「イマ・ココ」の判断をアシストすることが可能になっていくことが予想されますが、あくまで限定された利用シーンの範囲になると思われます。

3つ目は、理想の設定についての視点です。ＡＩでは複数の条件を設定し、その範囲内での選択肢を提示することが可能です。一方で、全くゼロベースでそもそもの理想を生み出すことは、現時点では難しいと考えます。それは、理想というのは人によって千差万別であり、最終的には主観的・直感的に生み出されることが多いためです。人種差別が当然だった時代の南アフリカで黒人初の大統領となったネルソン・マンデラは、肌の色で差別されるのは正しいことなのか？　という問いを持ちました。当時の南アフリカの状況では、多くの人がそんな問いを持つことすら忘れてしまっていたり、諦めてしまっていたりしたとしても、おかしくはありません。もちろん、人間なら誰でも理想を生み出すことができるわけではありません。特定領域において誰よりも強い問題意識を持ち行動をし続けている人が、理想を掲げ、それを実現できるのではないでしょうか。

4つ目は、論理 or 情理の視点です。人はコミュニケーションをとる際に、相手の表情や雰囲気、そして気持ちを推しはかりながら言葉を選択します。「人間は感情の生き物」と言われるほど、私たちは互いの感情を丁寧に擦り合わせながら社会生活を営んできました。また、相手が悲しい時は自分も悲しい気持ちになり涙を流すことも、一緒に笑い喜ぶこともします。一方で、生成ＡＩはあくまで入力された内容を踏まえて回答を抽出します。論理的なアウトプットには強いかもしれませんが、相手の感情に配慮した表現までは生成するのは難しいと考えられます。プロンプトに感情の前提をインプットすれば、それに対応したアウトプットはしてくれますが、あくまでそれは命令にしたがっているだけであり、相手の感情を主体的に読み取り、それを踏まえたコミュニケーションを変えることは現時点ではできません。将来的には、脈拍や呼吸、血圧、脳波など様々なバイタルデータをリアルタイムで読み取ることで、感情を予測することも可能になるかもしれませんが、少なくとも現時点で相手の感情を理解し、その感情に沿ってコミュニケーション方法を柔軟に変えることは難しいと言えるでしょう。

以上、これまで述べてきた内容をＰ47の図にまとめておきます。

図　AIが答えを出せない「問い」とは?

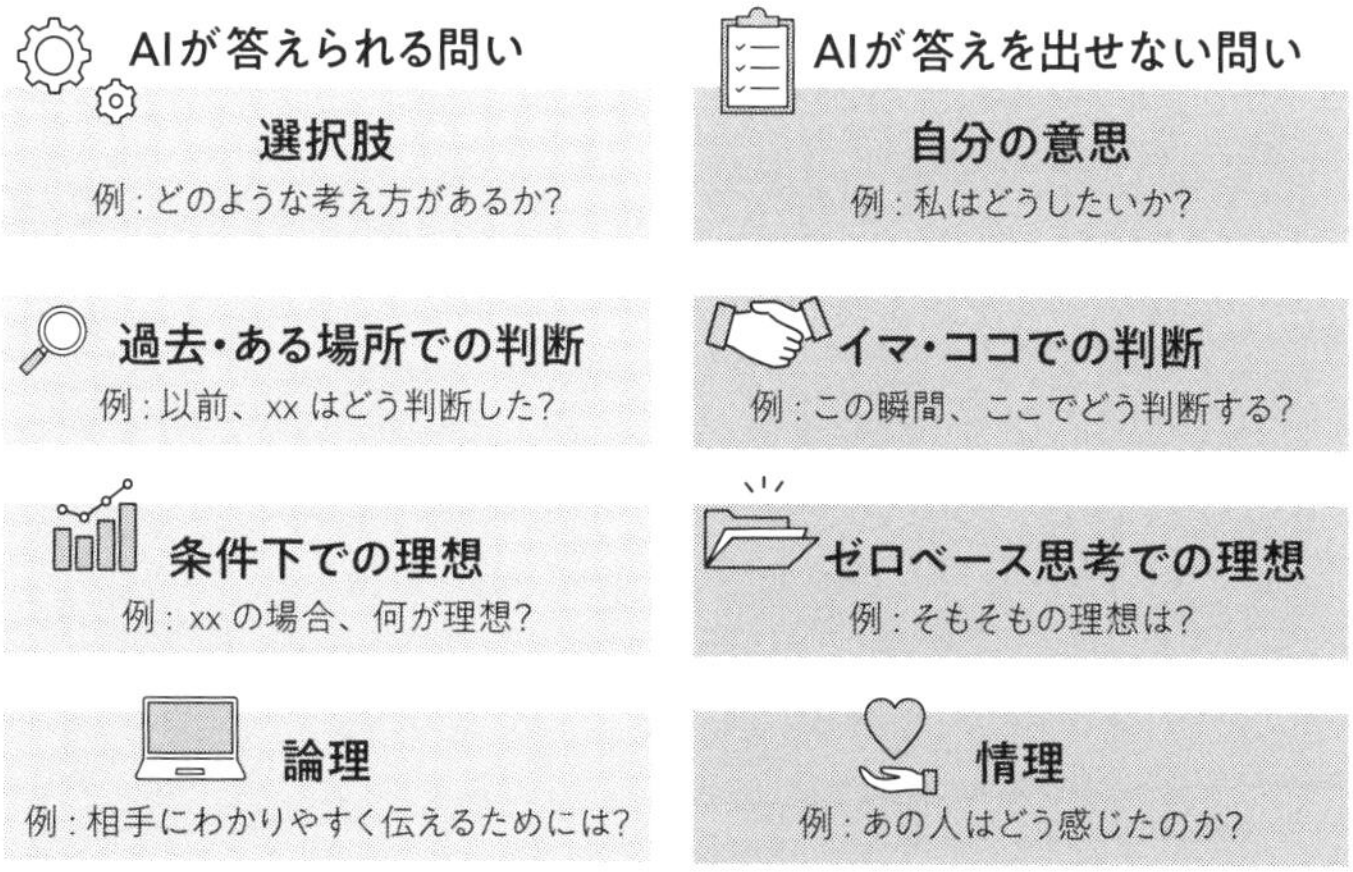
AIが答えられる問い
選択肢
例：どのような考え方があるか?
過去・ある場所での判断
例：以前、xx はどう判断した?
条件下での理想
例：xx の場合、何が理想?
論理
例：相手にわかりやすく伝えるためには?
AIが答えを出せない問い
自分の意思
例：私はどうしたいか?
イマ・ココでの判断
例：この瞬間、ここでどう判断する?
ゼロベース思考での理想
例：そもそもの理想は?
情理
例：あの人はどう感じたのか?

改めて「問い」の意味を考える

アメリカ国立科学財団が2005年に発表したレポートでは、人間は1日に1万2千～6万回もの思考をしているようです。日々の暮らしの中で目についたもの、ふと思い浮かんだことに対して、意識的・無意識的に思考が回っています。そして、それらの思考と同様に、大なり小なり多くの問いや疑問が浮かんでは消えていきます。

- 通勤電車は混むことがわかっているのに、なぜ、みな相変わらず早朝に乗車するのか？
- 朝から晩までミーティングが続いて、自分の時間が確保できない。どうしたら改善できるのか？
- 先ほどの会議で、スタッフが浮かべた表情にはどのような意味が込められているか？
- 友人から忘年会に誘われた。参加するべきか？
- 今日の夜、家に帰ってから何を食べようか？

これらは、ある日に私の頭に浮かんだ問いの一例です。いずれも、自分の関心から生まれていますが、実際に真剣に向き合う問いは少ないのが実情です。しかし、後に述べるように浮かんでは消えるような「問い」に向き合うことは、仕事・人間関係・自分の人生などあらゆる方面で効果的だと感じています。また、それらの「問い」の中には、ＡＩに答えられないものも多く存在します。

4つの問いの効用

改めて本書の本題とも言える「問い」について丁寧にみていきたいと思います。ここから、問いの効用を4つに分類していきます。

1. 思考を促す
2. 行動を促す
3. 次の問いを促す
4. 自らの隠れた声に気づかせてくれる

1. 思考を促す

ある平日の夜、家族でテレビをつけながら団欒していました。とくにテレビには注目せず、小学校の低学年と高学年の2人の娘も交えて、学校であった面白い話などを聞いていました。数分後、いきなり低学年の娘が「パパ！　この問題、どう思う⁉」と問いかけてきました。どうやら、たまたまテレビに流れていたクイズ番組の問題に反応したようでした。問題の細部は忘れてしまいましたが、小学生でも解けるような内容だったものの、大人の私も「なんだっけ？」と考えてしまう絶妙な難易度のクイズでした。ぼーっと眺めているだけの番組だったのにもかかわらず、身を乗り出して家族全員で考えてしまう、問いにはそのような力があるように感じます。最近は謎解きゲーム、リアル脱出ゲームのように、難しい問題を制限時間内にクリアすることで達成感を得られるアクティビティが、若い世代にも受け入れられているようです。

またビジネスシーンにおいても、問いは思考を深めると同時にアウトプットの質も高めることが、研究で明らかになっています。グロービス経営大学院の研究チームが2023年に公表した調査では、複数名のグロービス経営大学院の学生に対して「モバイルバッテリーレンタルスタンドの出店計画を立案する」という架空のビジネスシーンをケースとして設定し、「あなたが出店担当者の場合、次はどのような場所に出店しますか」という問題を出しました。

この調査において、学生は3つのグループにそれぞれ分けられました。1つ目のグループは、特定の指示をせずに設問に答えてもらいます。2つ目のグループには、「状況を深める問い」（ex：この商品は何ができるか？　など）を渡して、それに答えてもらった後に設問に挑戦してもらいます。3つ目のグループには、「状況を深める問い」に加えて、「結論づけを補助する問い」（ex：多くの顧客が「利用したい」と思う場所は？　など）に答えてもらった後に設問に挑戦してもらいます。結果として、3つ目のグループが提出した内容がもっとも高い評価を獲得し、その後に2つ目のグループ、1つ目のグループと続きました。ここから言えることは、**複雑な状況に対して検討を進める際に、問いを途中に挟むことでその回答の質が高まるということ**です（出典：問いを科学する～思考の型～グロービス経営大学院　紀要研究ノート）。

2．行動を促す

問いは思考を促すと同時に、行動を促す力もあります。**問いを立てて、思考を繰り返していくと、後は行動をしないと先に進めないという状態に行き着くことがあります。**私は前職のスタートアップから現在のグロービスでの勤務に至るまでの間に、複数の新規事業の立ち上げに携わる機会に恵まれました。新規事業を考える際に一番最初に行うのは、顧客の課題を特定し、その課題を解決するソリューションを考えていくことですが、いくら机上で考えていても物事が前に進むことはありません。

「顧客セグメントAは、Bという課題を抱えているのではないか？　それに対してCというソリューションが受け入れられるのではないか？」

このような問い≒仮説を立てた後は、その仮説があっているか否かをスピーディに検証します。行動すると想定外の意見や事実がわかり、また仮説を組み直すといったサイクルを回すことで、事業立ち上げの精度を高めていくわけです。このような事業立ち上げ手法を、リーン・スタートアップと呼びますが、まさにこのサイクルでは「問い・仮説・

図　リーン・スタートアップとは

検証による学びを通して画期的な新製品を開発する手法

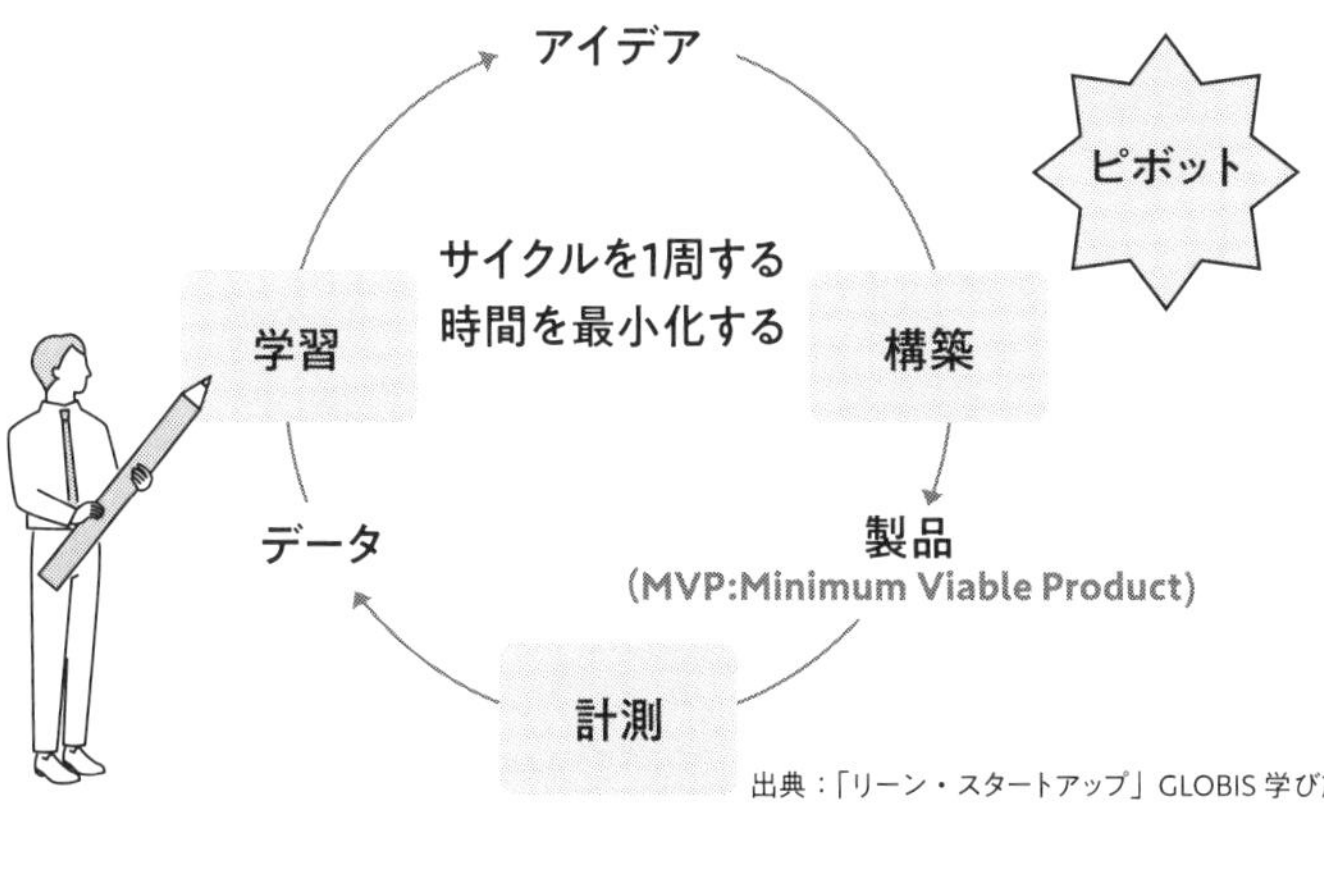

出典：「リーン・スタートアップ」GLOBIS 学び放題

行動・検証」を繰り返していると言えるでしょう。そしてこれらの考え方は、事業立案時だけではなく、小さなアイデアを生み出すことや改善計画を考えるといったシーンでも共通していると言えるでしょう。

3. 次の問いを促す

問いを立て、思考をすることで、さらに新しい問いが生まれるという経験は誰しもあるのではないでしょうか。例えば、「自分は転職をするべきか？」という問いを持ったとします。この問いに答えるためには、「自分は何がしたいのか？」、「それは、今の仕事と比較して本当に魅力的と言えるのか？」という具合に、関連する問いに答えていく必要が出てきます。

これを頭の中だけでぼんやり考えると、思考がぐちゃぐちゃになってしまい、最初に何を考えていたのか忘れてしまうことがあります。そのため、自分の思考を丁寧に紙に書き出して、「問い・答え→新しい問い・答え」という具合に続けていくと、考えが整理されて意思決定につながる確率も高まると言えるでしょう。また、この考えを問題解決に応用しているのが、トヨタの問題解決手法として有名な**「なぜを5回繰り返す」という方法論**で

す。方法論といっても至ってシンプルであり、

例えば‥

①この問題が発生したのはなぜか？

Aが原因と考えられます。

②では、Aが発生してしまったのはなぜか？

それはBが原因と言えるでしょう。

③なぜ、Bが原因と言えるのか？

それは、Cと言う根拠があるからです。

④――――――――――‥

⑤――――――――――‥

といった具合に、なぜを繰り返していくことで問題の真因に辿り着くという流れとなります。普通の社会人は、1回ないしは多くて2回程度で質問を終えてしまうのではないでしょうか。私自身も、相手を追及しているような気がして途中で問いかけることをやめてしまった経験があります。「トヨタでは、問いを続けることはあくまで問題解決のプロセスであって、人を追及することではないという共通認識がある」とトヨタで勤務していた友人に聞いたことがあります。

4. 自らの隠れた声に気づかせてくれる

これまで見てきた問いの3つに加えて最後にご紹介したいのは、「自らの隠れた声に気づかせてくれる」という効能です。

良質な問いを続けることで、表面には現れない自身の本当の〝声〟を浮き彫りにすることが可能になります。このことについて、私自身の実体験を紹介したいと思います。私が23歳でスタートアップの創業に参画したことは、本書の冒頭で紹介しました。当時の私は、様々な幸運も重なり、新卒で入社した会社で最年少マネジャーに昇格させていただき、部下も2名配置されました。とても困難でしたが、大きな挑戦に向かって努力していました。そのような中で、知人を経由して繋がりを持ったメンバーから起業に誘われたのです。

誘われた直後は、「無謀な挑戦。現職の方が将来性がある。昇格させていただいた会社や上司への義理がたたない」など、さまざまな理由が頭の中に浮かび断る予定でした。周囲の先輩や同僚などに相談しても、100％やめておけという助言でした。私を心配して本心からそう言ってくれたのだと思います。私の中でほぼ答えが出た頃に、急にある問いが自分の頭に浮かんだのです。

「10年後の自分が、後悔しない意思決定はどちらなんだろう？」

なぜか分かりませんが、この問いが私の中で大きくなっていきました。確か日曜日の夕方くらいだったと思いますが、誰もいないオフィスの中でこの問いに向き合うことになります。ノートに書き込みながら、いろいろな問いを自分に投げかけて、それに答えていきました。

「今の会社が好きな理由は？　部下の将来は？　起業にワクワクするか？　3年後・5年後・10年後はどうなっていたいか？……」など思いつく限りの問いを書き出し、全てに答えを出していきました。4～5時間くらいこの作業を続けて、気づくとノート10ページ以上になっていました。その内容を最初から読み返した後、私の中の声は「10年後後悔しないためには、起業に参画するべき」という内容でした。その場で、上司にメールで退職意向の連絡をして、それから数日後に本当に退職することになりました。今振り返ると当時の私のこの判断は、自分視点が強く周囲の方々に迷惑をかけたと思いますが、後悔はありません。起業から10年後にはその会社も退職して教育の道に進むことになるのですが、自分の天職とも言える教育の領域で現在仕事をさせていただいているのは、過去に浮かんだ「問い」のおかげだと思っています。このように、**問いに真剣に向き合うことは、自分が普段頭の中で考えていることや周囲の意見とは全く異なる「自分の本当の声」に気づかせてくれる可能性を秘めている**と言えます。

問いの質が人生の質を決める

コーチングの世界で著名なアンソニー・ロビンスは、**「問いの質が人生の質を決める」**

という言葉を残しています。良い問いを自分に投げかけることで、思考が変わり、行動が変わり、人生が変わるという意味のようですが、本当に共感する言葉です。問いは誰でも、大量に思い浮かぶものです。しかし、思い浮かぶ問いはいずれも大切そうで、絞り込むことは難しいように思えます。加えて、本当に大切な問いを見極め、それに真剣に向き合うことは意外と疲れるし、問いから逃げたほうが楽だと感じることもあるでしょう。しかし、自分にとって本当に大切な問いに向き合わず将来や人生に悩んでも、前に進むことはできないでしょう。大きな、重要な問いに向き合うことで、自らの人生だけではなく社会を動かすことも可能になります。

偉人を突き動かした問い

ここからは、大きな問いを持ち歴史に残る偉業を成し遂げてきた偉人のエピソードを交えながら、問いの効能を深掘りしていきたいと思います。

福澤諭吉：列強諸国からの植民地化を防ぐため何が必要か？

最初に取り上げたいのは、福澤諭吉という人物です。幕末から明治期にかけて活躍した日本の思想家、教育家であり、現在の慶應義塾大学を創設した人物として名前を知っている読者も多いと思います。彼は青年期から積極的に西洋諸国の思想や科学技術を学び、それを日本国内に紹介することで、日本の近代化に貢献しました。江戸幕府の使節団の一員として米国や欧州に訪問し多くを学んでいた彼に、転機がおとずれます。それは、欧米の植民地支配の実態を知った時だったとされています。1862年、幕府使節団の一員として欧州に向かう途中で香港に寄港した際に、植民地支配をしていたイギリス人が中国人を犬猫同然に扱うことに強い衝撃を受けました。

「力のある列強諸国が、力のない国々を植民地支配していく」

当時では当たり前に広がっていたこの強者の理論でしたが、現実を目にして彼は大きな危機感を抱いたのです。200年以上、鎖国政策をとり、科学技術が欧米に比べて大きく遅れていた日本は、特徴的な資源も少なく弱小国家でした。このままでは、香港のように日本も植民地化されて、アジアの国々のようにひどい扱いを受けてしまう。このような危機感の中で、

どのようにすれば、日本が国家として独立し続けられるのか？

という強烈な問いを持つようになります。そして多くの欧米文化に触れ、日本社会との違いを研究し、ある結論を導き出します。それは「学問の重要性」であり、そのひとつの形として『学問のすすめ』を出版しました。

欧米の文化・技術を退けるのではなく、積極的に学び国力を高めること
身分制度の古い概念に縛られずに、自立心を持って学び・行動すること
欧米諸国と対等に付き合うためには、国民一人ひとりが独立の精神を持つこと

このような内容を、強烈な危機意識を背景に発信しています。「天は人の上に人を造らず、人の下に人を造らず」という内容から始まるこの書物は、多くの日本人に支持されることになります。「一身独立して一国独立す」という有名な言葉は、現代でも十分通じる内容なのではないでしょうか？

初編は1872年（明治5年）に刊行されましたが、非常な評判となったためシリーズ化され、76年刊の第17編まで続き、累計発行部数340万部と言われています。当時の日本の人口が約3000万人と考ええると、国民の10人に1人が手にとった驚異的なベストセラーと言えるでしょう。

ネルソン・マンデラ：肌の色で差別される日常が正しいのか？

次は、南アフリカの元大統領であり、後述する「アパルトヘイト」という人種差別の制度を撤廃したことで1993年にノーベル平和賞を受賞した、ネルソン・マンデラを突き動かした問いを見てみましょう。

アパルトヘイトは、南アフリカにおいて1948年から1994年まで実施された人種差別政策です。このアパルトヘイト政策は、白人少数派による政治的、経済的、社会的な支配を維持し、非白人多数派を抑圧するためのものでした。制度の具体例を挙げると、黒人は住む場所を指定されたり、パスという身分証を持参しなければ都市部に立ち入ることができなかったり、多くの公共施設で利用を制限されるなどしていました。また、一部の業界や職業は白人に限定され、黒人の多くは低賃金の労働につかざるをえませんでした。さらに、これらの制度に違反し抵抗する人々は逮捕、拷問、あるいは殺害されることもありました。当時の南アフリカの黒人の多くは、これらの政策に不満を持ちながらも権力に逆らうことはできずに従う人がほとんどでした。若い頃に法律を学んでいたマンデラは、この国の実情に大きな疑問を抱くようになりました。

肌の色で差別される日常が正しいのか？

彼はこのような大きな疑問を抱きながら、アパルトヘイト撤廃を目的に抵抗活動を続けるアフリカ民族会議という組織に加入します。当時、この組織は非暴力主義を貫き署名活動やボイコット、抗議行進などの抵抗活動を続けていましたが、警察当局によるデモ隊への発砲により多数の死者が出た「シャープビル虐殺」という事件をきっかけに、武装抵抗という方針に変化しました。そのような中でマンデラは、1962年に反政府活動の罪で逮捕され、終身刑を宣告されました。彼は合計で27年間もの間、刑務所での生活を強いられました。しかしその間も彼の名は反アパルトヘイト運動のシンボルとして南アフリカ国内外で広まり続けました。

27年間にも及ぶ刑務所生活の中で、マンデラの持つ問いは少しずつ変化していきます。それは、

アパルトヘイトを終結させた後、いかにして黒人と白人を融和していくべきか？

というものでした。武力で勝利したとしても、双方に大きな遺恨が残り永遠に争いは終わらない。人口では圧倒的に少ない白人が、そのような恐れの中で制度撤廃に前向きに動くことや、平和的な融和に動くことは難しいのではないか、と考えたようです。

1990年にマンデラは釈放され、釈放後すぐにアフリカ会議の指導に戻りました。そして、彼のリーダーシップの下、アパルトヘイトの撤廃と全市民の選挙権獲得に成功します。この時、マンデラは再び非暴力の方針を打ち立て、白人と黒人の融和を目指します。1994年には、選挙で南アフリカの大統領に選ばれました。彼は大統領として、かつて敵同士であった白人と黒人の間の和解を進めることに尽力しました。

南アフリカの人の多くが諦めていたアパルトヘイトに大きな疑問を持ち、さらに、敵対ではなく融和のためには何が必要かという問いを立てることで、彼は歴史的な偉業を成し遂げることになります。このネルソン・マンデラの壮絶なる行動の詳細を知りたい方は、『信念に生きる―ネルソン・マンデラの行動哲学』という書籍を手にとってみてください。

ソクラテス：知るということは、どのようなことか？

３人目は古代ギリシャの哲学者で、西洋哲学の基礎を築いたとされるソクラテスです。ソクラテスは紀元前４６９年頃にアテネで生まれ、紀元前３９９年に同地で死去しました。彼が活躍した時代のアテネでは、直接民主政を実践する都市国家でした。市民が集まり、議論を行いながら政策を決定するため、個人の意見や議論の技術が重視されました。そのため、当時はソフィストと呼ばれる教師や思想家たちが登場し、人々に弁論術や修辞術を教えていたとされます。内容としては、真理の追求よりも「勝つための議論」が重視され、いわゆるテクニック論が広がっていたとされています。

そのような時代背景の中、ソクラテスは真実を捉えようとせず、相手を論破するためのスタイルに疑問を持ち始めます。そしてソフィストたちが物事の真実を知らないのに知っているような振る舞いをすることへ、次第に苛立ちを感じ始めました。

そのような中、

知るということは、どういうことか？

という問いを持つようになります。そして、多くのアテネ市民やソフィストたちとの対話を繰り返し、悩み苦しむ中で、「自らの無知を知ることが、真の知の第一歩である」という考え方を確立しました。この考えは「無知の知」とも表現されますが、現代でも必要とされる考え方だと感じます。私自身、前職の会社で「無知の知」を持っていないことの危うさを経験したことがあります。取締役という立場であることのプライドが邪魔をして、本当は知らないのに、知っているという反応をし、そのことが原因で大きなトラブルを発生させてしまったのです。最初に、素直に知らないので教えてください、と言っていれば十分に防ぐことができたトラブルでした。

ソクラテスは哲学的な思想を確立した後、アテネの中で徐々に影響力を高めていきます。そのような中で、政治的な工作により訴えられ、裁判にかけられてしまいます。いくつかある罪状の中には、「若者たちを堕落させている」という内容が含まれていました。当時のソクラテスは、相手を打ち負かしたり扇動するような弁論術ではなく、あくまで問いを起点に対話を重ねて、若者と一緒に真実を追求するスタンスをとっていました。それを面白くないと感じた一部の人や、政治的な大きな流れの影響で、ソクラテスは罪状を突きつけられ、裁判にかけられることになるのです。

当時のアテネの裁判制度では、一般市民から選ばれた陪審員が裁判における判断を行っていました。その陪審員に対して、ソクラテスは自らを弁明する機会を与えられます。彼は、複数ある罪状について、一つひとつ丁寧に反論していきます。自らの身の潔白を証明することよりも、真実を追求することの大切さや、現状のアテネ市民の知に対する怠惰さなどを訴えていったことで、陪審員たちは徐々に態度を硬化させていきます。その時、ソクラテスは

真実を貫くことと、自らの命はどちらが優先されるべきか？

という大きな問いにぶつかることになります。彼は前者を選び、引き続きソクラテス流の弁明を続けていくことになります。そして有罪と判断された後、ソクラテスは自らの刑を提案・交渉する機会を得ましたが、彼は国外への追放や罰金などの代わりに、哲学による奉仕をアテネ市民に提案しました。つまり、引き続き若者や市民に問答を通じて教育を続けていくと提案したのです。これがひとつの決め手となり、死刑という罪状が確定しま

す。彼は法に従い、また自身の哲学的信条に基づき、毒杯を飲むことを選んだのです。この一連の出来事は西洋哲学において重要な位置を占め、ソクラテスの思想とその殉教が後世に大きな影響を与えることとなりました。

このように、「知る」ということに対する大きな問いに突き動かされた彼の思想や行動は、2000年以上後の私たちの社会にも影響を与え続けています。

日常に存在し、私たちに影響を与え続けている問い

ここまで、3名の偉人を「問い」というテーマに照らし合わせてみていきましたが、実は私たちの日常にも「問い」は存在し、私たちの考えや行動に影響を与えています。そして、「問い」に向き合う姿勢によって、仕事の生産性やキャリアの方向にも変化が出てきます。

参考までに、ひとつのシーンを見てみましょう。

上司：XX業界のデータを調べて、レポートにまとめてもらってもいいかな？　期限は来週月曜日でお願いします。

部下：分かりました。期限までに作成して提出します。

上司から部下に仕事を依頼するシーンで、よく職場で目にするやり取りです。この時、もし読者の皆さんが依頼を受けた部下の立場であったら、次にどのような行動をとるでしょうか。

・すぐに着手する
・期日までまだ日数もあるので、今取り組んでいる仕事を終わらせてから着手する
・過去に似たようなレポートがないか、同僚に聞いてみる

など、いろいろなパターンが考えられます。この時、期日までに一生懸命レポートをまとめて上司に提出したのに、「求めていた内容と違うんだよね」というフィードバックをもらったことはないでしょうか。私は過去に何度かそのような苦い経験をしたことがあります。

もし作業に取り掛かる前に、次のような問いを上司にぶつけていたらどうでしょう。

依頼されたレポートは、どのような目的で利用されるのでしょうか？

この質問に対する上司の回答が「XXの企画立案の参考に利用したいんだよね」という内容だった場合は、レポートの形式にはそこまでこだわらず、企画立案に参考になる情報を中心に集めて、余力があれば自分なりの考えを加えることもできるでしょう。回答が「部長からXX業界の報告を求められているから、その資料に反映したいんだよね」という場合には、さらに部長が気にしている内容などを追加ヒアリングして、上司が資料に反映しやすいようグラフや表にまとめて提出すると喜ばれるかもしれません。

このように、依頼されている背景や目的を質問するだけで、その後の業務効率が大きく変わるだけでなく、上司からの信頼を得ることにもつながるでしょう。

もうひとつ、私自身が経験した人間関係に関する事例を紹介します。社会人になって3年目に、学生時代に仲の良かった友人から「久々に食事でもどう？」と誘いを受けました。一緒に昔話で盛り上がり、近況報告をしあい、お酒もはいり2人で楽しい時間を過ごしていました。社会人になって多少のストレスが溜まっていたこともあり、学生時代のノリで会話ができる関係は素敵だと思いながら、自然体で感情に任せて会話を楽しんでいました。

しかしトイレに入って手を洗っていた際に、ふと「問い」が浮かんだのです。

彼はなぜ今日、私を食事に誘ったのだろう？

ただの近況報告という可能性もあったものの、この問いを持ちながら座席に戻った私は、彼が話し始めるのを待ちました。少しの沈黙の後、彼の方から「実はキャリアに悩んでいて、転職の可能性も含めて考えているから、意見がほしい」と切り出してきたのです。もし私が先ほどの「問い」を持たずにトイレから戻ってまた昔話を始めていたら、おそらく彼は相談をすることはなかったと思います。危うく、大切な友人の悩みを聴く機会を失うところでした。

相手は自分に何を期待しているのか？

とても、些細な問いですが、この問いを持ちほんの数秒でも考える時間を持つだけで、大切な友人との人間関係が良好に進むのではないでしょうか。これは私自身が実感してきたことです。

第 3 章

「問いの設定力」を高める

図　AFTER AI時代の「問いの設定力」

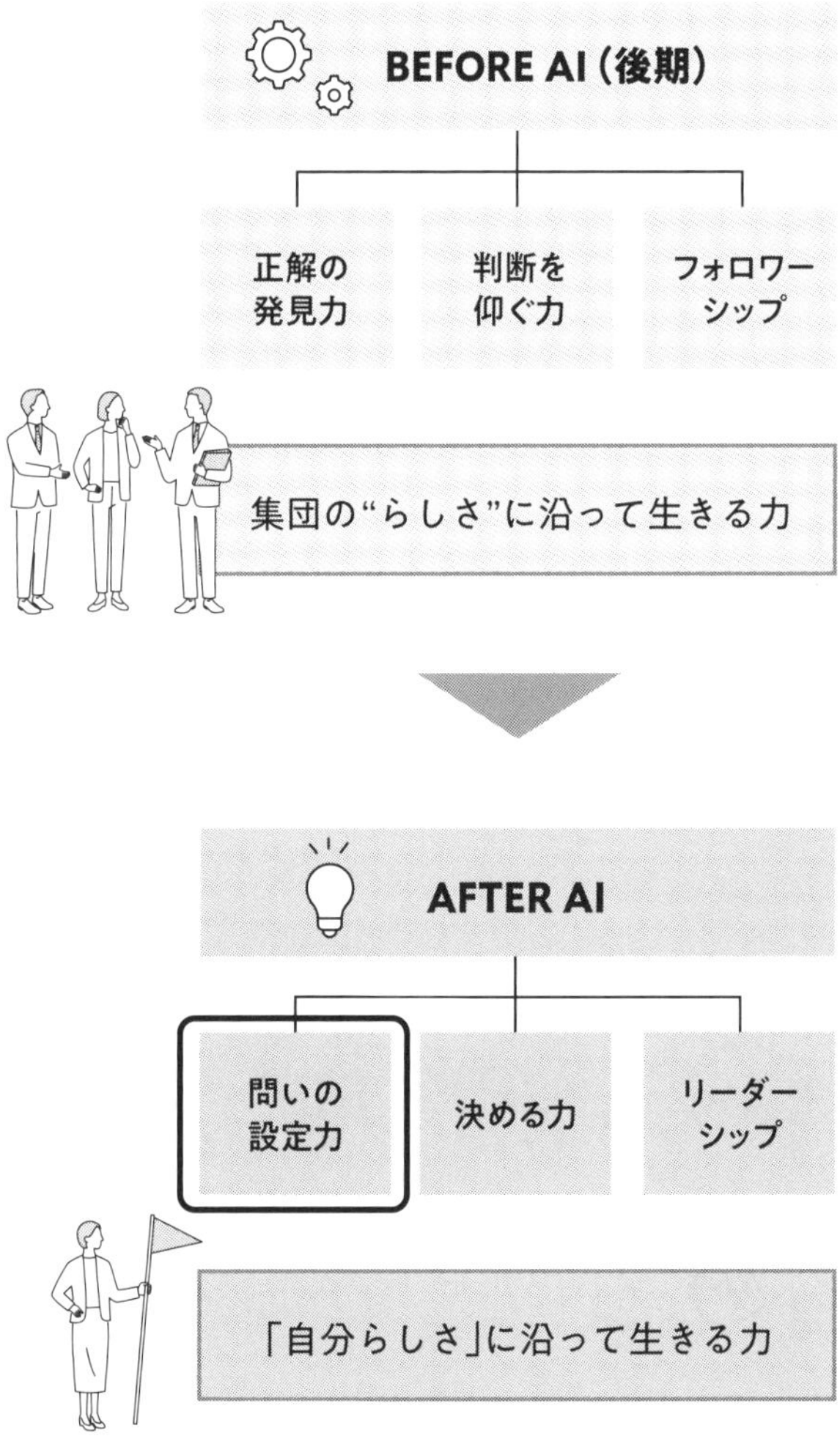

筋の良い問いを設定するための5つの視点

ここまで、問いの持つ効能や、ＡＩが答えを出すのが苦手な問いについて見てきました。さらに、「問いの質が人生の質を決める」という言葉を紹介しながら、偉人を突き動かしてきた問いを、ストーリーとともに確認してきました。ここからは、本書の主題でもある「問いの設定力」について、その具体的な考え方、能力の高め方を見ていきたいと思います。ここから、問いの設定力を5つに分解して紹介していきます。

1：イマ・ココで答えるべき「問いの設定力」
2：適切な順番に沿った「問いの設定力」
3：ゼロベース思考の「問いの設定力」
4：問いを進化させる「問いの設定力」
5：「自分らしさ」を再発見するための「問いの設定力」

1：イマ・ココで答えるべき「問いの設定力」

第2章で、イマ・ココで答えるべき問いの設定は、AIが苦手とすることだとお伝えしましたが、私たちにとっても簡単ではありません。イメージを持ちやすいように、1つ事例を紹介したいと思います。

ある会社の上司と部下の会話：

上司：佐藤さん、現在お願いしている新規プロジェクトは予定通り進んでいますか？

部下：（いきなり質問されて動揺しながら）はい、今のところ順調だと思います。ただ、プロジェクトメンバーの工藤さんのパフォーマンスが思わしくなく、困っています。工藤さんは発想力は素晴らしいのですが、スケジュール管理能力が期待を下回って

います。そのため、私たちのチームでは……（続く）

上司：（工藤さんのパフォーマンスについて聞きたいんじゃないんだよな）それで、プロジェクトは予定通りなのですか？

部下：（え？答えたはずなのに、同じ質問をされている。何をどのように回答すればいいんだろうか？）

このようなシーンを周囲で見かけたこと、あるいは自分自身が経験したことはありませんか？　この事例では、**上司が聞きたいことに対して、部下の佐藤さんが明確に回答できていない**という図式になっています。さらに、プロジェクトは順調に進んでいると思うという主観を述べています。加えて、佐藤さんがいま困っていること、つまり自分が上司に話をしたいことを中心に報告をしているのも特徴的です。

なぜこのようなことが発生してしまうのでしょうか。

それは、部下である佐藤さんが「イマ・ココで答えるべき問い」を正しく認識せずに、「自分が答えやすい・答えたい問い」に答えているためと言えます。今回のシーンで見てみると、「新規プロジェクトが順調に進んでいるか否か？」が、イマ・ココで答えるべき問いになります。イマ・ココで答えるべき問いのことを「イシュー」と表現することもあります。

イシューと枠組み

イシューを明確にすることは、相手とのコミュニケーションや質疑応答だけではなく、会議の進行や個人作業をする際などにも大切な要素です。例えば、長時間の会議の中で話が脱線して、最終的に何も決まらなかった、という残念な経験をしたことがある方も多いと思います。それはまさにイシューが定まっていない、もしくは途中でイシューが脇道に外れてしまった結果と言えるでしょう。

また、最初は競合他社の分析をするという目的で調査を始めたのに、途中で新しい技術動向の記事を発見してしまい、気づくと競合他社ではなく、技術のことを調べているという脇道に外れた状況も、イシューがずれている分かりやすい例です。調査の中で出会った情報に沿い柔軟に調査対象を変えることとは、必ずしも悪いこととは言い切れません。しかし、当初の目的からズレた作業をすることになり、結果として効率が下がってしまいます。

前述のシーンに戻ります。部下である佐藤さんが、イマ・ココで答えるべき問い（＝イシュー）を正しく設定できたとしましょう。次に悩むのは、どのように回答すればよいのかということでしょう。言い換えると、どのように回答すれば上司の疑問が解消されるかということです。

もっとも丁寧な方法は、上司が気になっているポイントをヒアリングして、その点に答えることですが、忙しいビジネスシーンで上司に対して、何が具体的に気になっていますか？　と毎回確認することは難しいと言えます。そこで次に紹介したいのは、「イシューに答えるための論点＝問いのセット」を設定するという考え方です。先ほどのシーンでみると、イシューである「新規プロジェクトが順調に進んでいるか否か？」に答えるための論点のセットの例として、「品質に問題はないか？」、「コストは予算範囲内か？」、「納期は間に合いそうか？」という3つの問いのセットが考えられます（なおこの3つの論点は、ＱＣＤと言われる、製造業で用いられる代表的なフレームワークを参考にしています。Quality：品質、Cost：コスト、Delivery：納期の頭文字を並べたもの）。

仮に3つの問いに対して、全て「問題ない」と根拠を持って回答ができれば、イシューである「新規プロジェクトが順調に進んでいるか否か？」に対しても「順調である」と回答ができます。網羅的な視点で根拠が示されているため、上司も安心して報告を受けることができます。なお、ここで紹介した「イシューに答えるための論点＝問いのセット」のことを「枠組み」と表現します。

先ほどのシーンを、このイシューと枠組みに当てはめると図のようになります。

図　イシューと枠組み

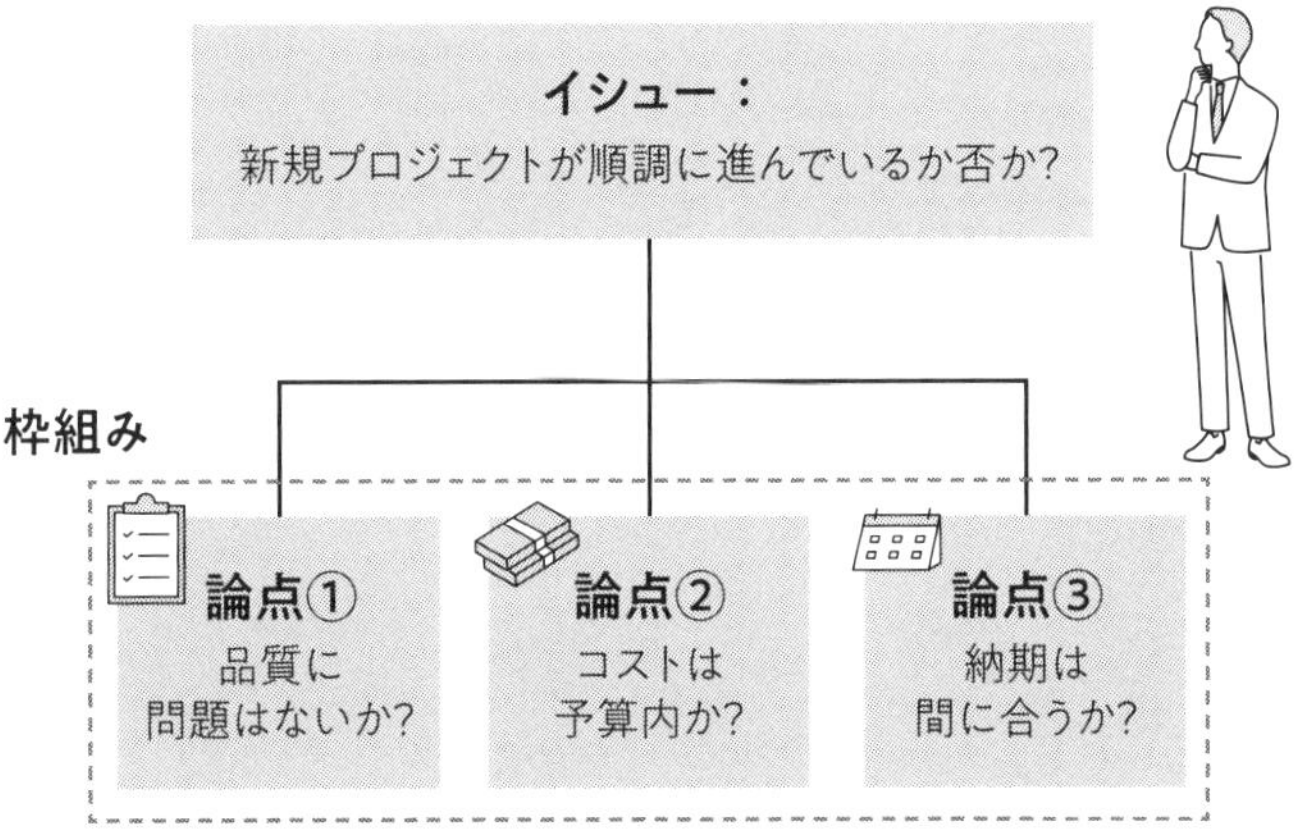

イシュー：
新規プロジェクトが順調に進んでいるか否か?
枠組み
論点①
品質に
問題はないか?
論点②
コストは
予算内か?
論点③
納期は
間に合うか?

イシューはどのように設定するか？

以上のように、イシューを設定することは、相手とのコミュニケーションから個人作業に至るまで、幅広い領域で重要です。イシューの重要性を理解したところで、次に発生するのが「どのようにイシューを設定するべきか？」という疑問です。ここでは4つの視点を紹介したいと思います。

a：イシューは問いの形にする

競合他社を調査する個人作業のシーンで考えてみましょう。この時、「競合他社について」というイシューを設定したとします。このイシューでは、競合他社の何について調べる必要があるのか不明瞭です。この時、「競合他社の自社にはない強みは何か？」というイシューにすると、先ほどよりも調査する目的が明確になります。

b：イシューは可能な限り具体的にする

営業マネジャーが、次年度の営業方針を検討しているシーンを思い浮かべてみましょう。この時、「次年度の営業戦略はどうあるべきか？」というイシューを設定したとします。しっかり問いの形になっているため、イシューとしては適切なように見えます。一方で、営業戦略というワードは抽象的なため、具体的に何からどのように考え始めるべきか不明瞭になりがちです。

さらにイシューを具体化して、「次年度の関東エリアの、既存顧客向けの営業方針はどうあるべきか？」という形に設定してみます。この場合は、エリア・対象顧客が絞り込まれているため、より具体的な検討が可能になります。このように、検討するべき対象や課題がイメージできる場合は、可能な限り具体的に表現するとよいでしょう。

c：相手の興味・問題意識を探る（対コミュニケーション）

相手がいるコミュニケーションでは、どのような点を意識してイシューを設定するべきでしょうか。上司への報告、お客様への提案、多数の聞き手に対するスピーチなど、私たちの日常では、相手とコミュニケーションする場面が非常に多くあります。この時に、「聞きたいことはそこじゃない」、「この人は話がズレている」と思われないことは、対人関係を構築するうえでとても大切です。

ここで重要なことは、コミュニケーション相手の興味・問題意識を探るということです。前述のシーンで佐藤さんに報告を求めた上司は、「新規プロジェクトが予定通り順調に進んでいるか？」という内容を聞きたいと思っていました。このように、相手側からストレートに聞きたいこと・興味関心を示された場合は、それをイシューとして回答するという形になります。

一方、コミュニケーションでとくに難しいのは、相手側が自らの興味・関心をストレートに表現しないという場合です。例えば、上司から「新規プロジェクトの調子はどう？」と聞かれたとします。この「調子はどう？」という質問からは、単純に世間話をしたいのか、スケジュール遅延を心配しているのか、予算について心配しているのか、何について聞かれているか分かりません。相手との関係が長く、互いの性格を把握していれば、この人が聞きたいことはこれだ、と〝あたり〟をつけることは可能かもしれませんが、全ての人とそのような関係を構築するのは難しいと言えます。このようなシーンでおすすめしたいのは、**「主観での回答→意図の確認→イシューに沿った回答」という3ステップの対話方法**です。

主観での回答は、例えば「調子はいいと私は思っています」など、何でも構いません。相手から、調子はどうか？　と聞かれているので、それにしっかり答えるという意味合いもあります。

次の意図の確認は、例えば「新規プロジェクトで何か気になることはありますか？」という具合に、質問された意図や背景を改めて確認します。世間話として話しかけてきていたとしたら、「いや、とくに心配はしていないよ。その調子で頑張ってね」という形で会話は終了するでしょう。一方で、「実は、別のメンバーからコストが想定以上になりそうだと報告を受けたけど、その辺りを教えてもらえる？」といった質問がきたら、これが本当のイシューだとわかります。

前述のような「上司の関心はコストにあった」というケースの場合、おすすめの対話方法の最後のステップ「イシューに沿った回答」では、「プロジェクトのコストは想定よりも超えてしまうのか？否か？」というイシューに対して回答を進めていきます。

いわゆるコミュニケーションが上手な人というのは、２つ目の「意図の確認」を自然な形で問いかける技術に長けています。また、相手とのコミュニケーションでは、「自分が話したいことではなく、相手が聞きたいこと」に意識を向けることが大切です。これは仕事のやり取りだけではなく、プライベートで友人・知人、家族などと会話する際にも応用できることです。

図　イシューに沿った回答とは?

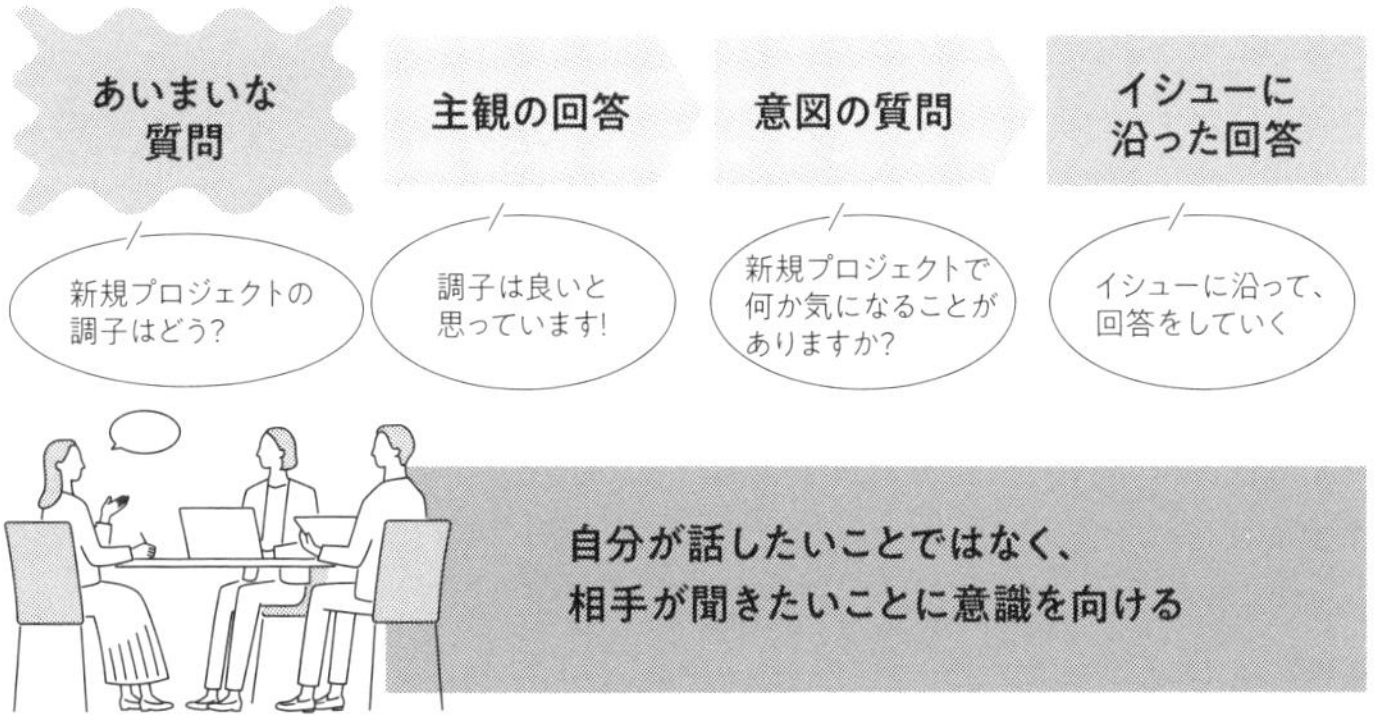
あいまいな質問
主観の回答
意図の質問
イシューに沿った回答
新規プロジェクトの調子はどう?
調子は良いと思っています!
新規プロジェクトで何か気になることがありますか?
イシューに沿って、回答をしていく
自分が話したいことではなく、相手が聞きたいことに意識を向ける

d：イシューの設定範囲を考える（対自分）

次は、「自分の行動に影響を与えるイシューの設定方法」について見ていきたいと思います。イメージしやすいように1つのストーリーを紹介したいと思います。

同じタイミングで新卒で入社した、3名の新入社員がいます。全員が営業部門に配属され、半年以上が経過しました。

Aさんは、会社の目指す方向に関心があり、「我が社の目指す方向はどうあるべきか？」という問いを持ちながら、日々仕事をしています。営業活動の合間に、経営理念や全社戦略といったテーマの学習を続けています。

Bさんは、自分が所属するチームの運営方針に強い関心があり、「理想のチームの運営方針はどうあるべきか？」という問いを持っています。そのため、空き時間にはチーム運営に関連する書籍や、同じチームのメンバーとチーム運営の課題や提案をまとめています。

Cさんは、自分自身の営業スキル不足に課題を感じ、「どうしたら営業スキルを早期に身につけられるのか？」という問いを持っています。そのため、空き時間には営業スキルの学習をしたり、上司が過去に作成した営業資料を読んで、知識取得に努めています。

3名はそれぞれ異なる問題意識を持ちながら、さらに半年が経過しました。2年目になってそれぞれの状況に変化が出てきているようです。

Aさんは、「我が社の目指す方向」を自分なりにまとめて上司に提案するも、上司からは「全社の方向性や戦略は役員以上が考える。Aさんは、まずは目の前の成果を出してほしい」と言われてしまいました。上司の主体性のない発言に、不満を抱えています。

Bさんは、「自分たちのチーム運営はどうあるべきか？」に対する考えをまとめて上司に提案しました。上司からは、「提案はありがたい、一部を参考にさせてもらうね」と言われましたが、いつまで待っても提案内容が実行されることはなく、不満を募らせています。

Cさんは、「営業として成果を出すために何が必要か？」という問いを持ち、日々試行錯誤しながら営業活動に励んでいます。最初は同期入社の社員の中でも成績が振るわなかったものの、少しずつお客様や周囲のメンバーに頼られるようになり、2年目には後輩1名の指導を任されるようになりました。

3名のストーリーをご覧になって、皆さんはどのように感じましたか？ AさんもBさんも会社やチームのためを思って提案したのに、それを受け入れない組織や上司に問題があると感じる方もいらっしゃるでしょう。もしくは、AさんBさんの努力は今は形にならずとも将来的に必ず役に立つので、そのまま努力を続けるべきだと感じる方もいらっしゃるかもしれません。Cさんは目の前の課題に着目し、小さな努力を重ねて成果を出しつつあるので、評価されて当然と感じるかもしれません。

この3人の違いを理解しやすいように、「視座の高さ」と「影響を与えられる範囲」という2つの視点でみていきましょう。下の図をご覧ください。

まず、最下部の「自分（直接）」の領域をみてみます。この領域は、自分が直接的にコントロール可能な領域です。Cさんが「どうしたら営業スキルを早期に身につけられるのか？」という問いを持った領域です。営業スキルを身につけるために書籍を購入したり、上司の提案資料を閲覧するなどは、自分の意思次第で実行が可能でしょう。次に真ん中の「チーム（隣接）」の領域をみてみます。チームに関する意思決定はチーム長が行うことが

図　視座の高さと影響を与えられる範囲

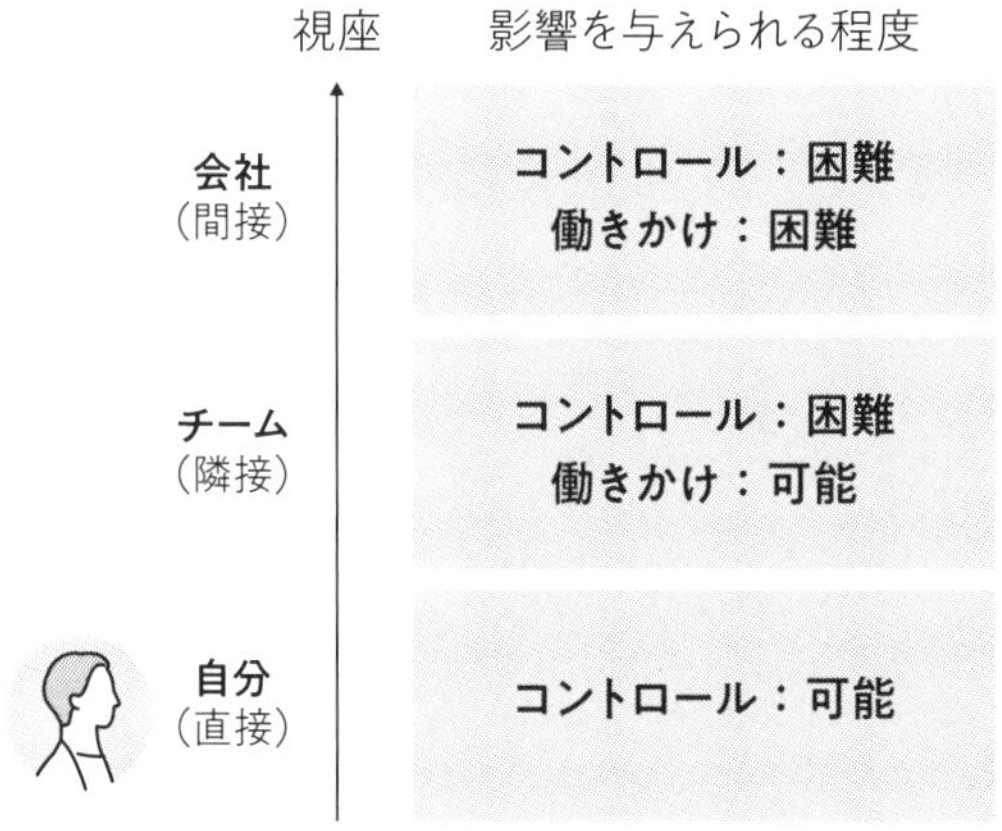

多いので、自分が直接コントロールすることは難しい領域です。一方で、自らが所属するチームであれば、働きかけをすること自体は可能な領域と整理できます。上司との信頼関係が構築されている場合には、さらに働きかけはスムーズに進むと思われます。Bさんが「理想のチームの運営方針はどうあるべきか？」という問いを設定した領域です。最上段の「会社（間接）」の領域では、コントロールは会社の方針を決定する幹部層が中心になって行われます。働きかけは可能ではありますが、その影響力はチームに対するそれと比較すると相対的に低くなってしまうでしょう。

以上みてきた3つの視座は、いずれも大切です。その前提でお伝えしたい重要なポイントは、比重を意識するということです。私のおすすめは、

自分（直接）→チーム（隣接）→会社（間接）の順番です。

まずは、自分が直接的にコントロール可能な領域に意識を向け、その責務を果たした上で、チーム・会社への働きかけを少しずつ増やしていくイメージです。ごく稀に自分（直接）の領域にだけ意識を向けて、チーム・会社への貢献を全く持たないという人も見かけ

ますが、組織内で仕事をしている以上は、隣接・間接の領域にも貢献意識を持つ方がよいでしょう。前述のＡさんのように、自分の責務を果たさずに会社の課題だけに向き合うのも避けるべき状態です。また、自分の立場が新人ではなく部下を持つマネジャーの場合は、優先するべき領域はチームとなるでしょう。経営者の立場であれば、もちろん会社という範囲になります。

第2章で触れたように、「問い」はその後の行動を促します。自分の中で設定されている「問い」が、数カ月後、数年後の成果に大きな影響を与えます。しかし、自分の中に存在する「問い」に気づくことは難しいものです。なぜなら、言語化されず無意識下に存在していることが多いためです。日常の仕事や人間関係、組織との向き合い方に課題を抱えている方は、一度、自分自身が設定している「問い」の視座と、その比重について見直してみることをおすすめします。自分の置かれた状況を正しく認識し、適切な問いを設定し、その方向に向けて努力を続ける。この取り組みや判断は、ＡＩには難しく、自分自身が習慣として身につけるべきことだと思います。

枠組みはどのように設定するか?

ここまで、イマ・ココで答えるべき問い(=イシュー)の設定について、4つの視点でみてきました。次に、イシューに答えるための論点のセット(=枠組み)の設定方法についても、簡単に触れてみたいと思います。

前述の上司と部下のやりとりを思い出してみましょう。上司から新規プロジェクトの進捗を質問されて、うまく答えられなかった部下の佐藤さんは、イシューを「新規プロジェクトが順調に進んでいるか、否か?」と設定しました。そしてイシューに答えるための論点のセットとして、「品質に問題はないか?」「コストは予算範囲内か?」「納期は間に合いそうか?」という3つの問いを設定しました。この3つの問いに対して、全て「問題ない」と根拠を持って回答できれば、イシューである「新規プロジェクトが順調に進んでいるか否か?」に対しても「順調である」と回答ができるという構造でした。

では、これらの論点のセットはどのように考えるべきなのでしょうか。ここでは代表的な考え方を3つ紹介したいと思います。**1つ目は、フレームワークを活用する**ということです。先ほどの例では、Quality：品質、Cost：コスト、Delivery：納期の頭文字を並べたQCDというフレームワークが用いられていました。他にも、事業の戦略を立案する際に用いられる3C分析（Customer：市場／顧客、Competitor：競合、Company：自社）や、マクロ環境を分析するPEST分析（Politics：政治、Economics：経済、Society：社会、Technology：技術）など、非常に多くのフレームワークが存在します。フレームワークは、まさにイシューに答えるための論点のセットとして、先人たちが試行錯誤の末に生み出したものなので、効果的に活用できるとよいでしょう。

図 イシューの枠組みをどう設定するか

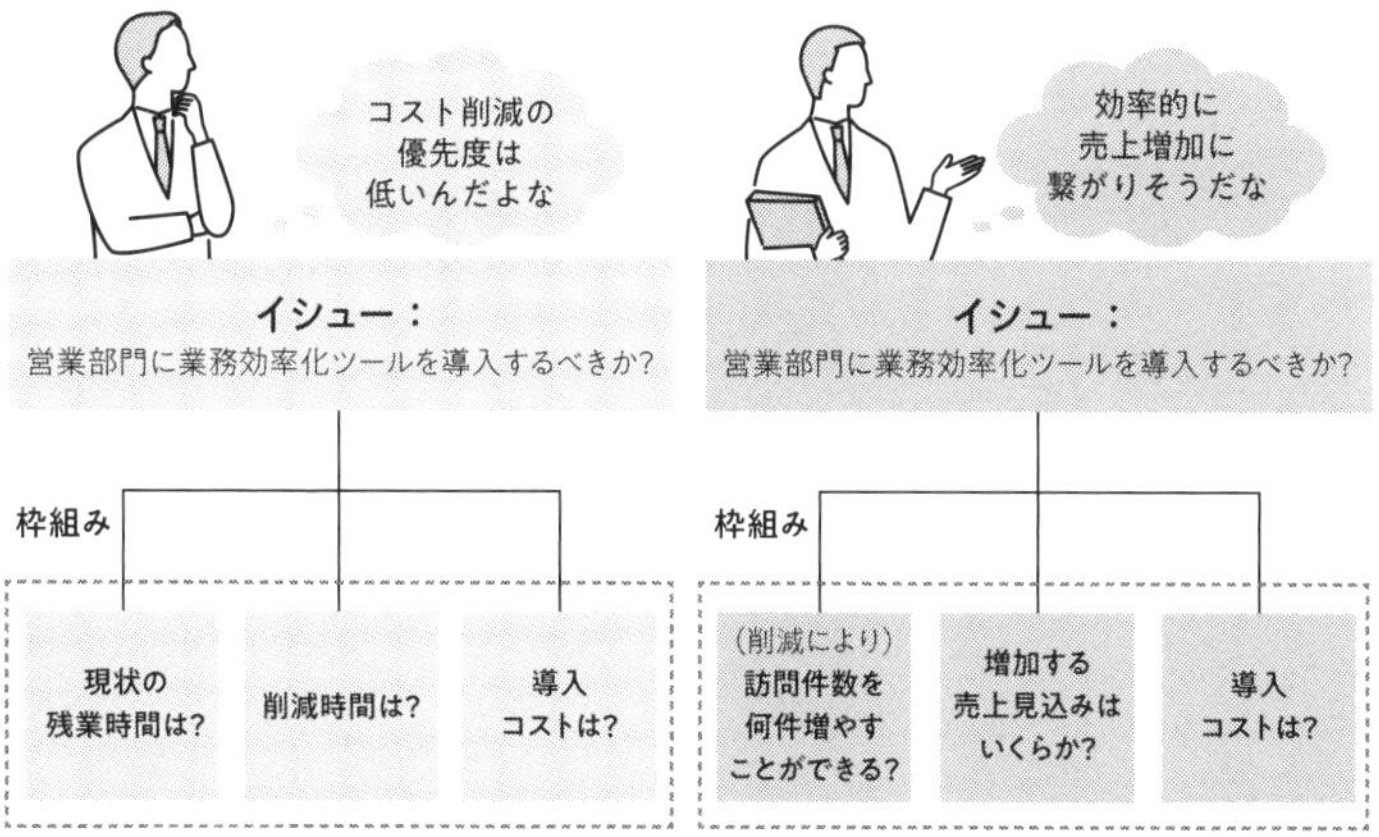

2つ目は、とくに相手とのコミュニケーションの場面で活躍する考え方ですが、相手の判断軸を探るという方法です。例えば、営業部門の業務効率化のためのツール導入を、営業部長に提案するとしましょう。この時のイシューは「営業部門に業務効率化ツールを導入するべきか？」と仮に置いてみます。この時、枠組みとして「現状の残業時間は？」、「削減時間は？」、「導入コストは？」といった形で枠組みを整理して提案しました。しかしながら、営業成績を高めることに興味がある営業部長に、その提案は受け入れられませんでした。提案を受けた営業部長は、「コスト削減の優先度は低いので、今回のツール導入は見送り」という判断をしました。


部長からのフィードバックを受けた後、改めて次のように枠組みを整理してみました。

「（削減により）訪問件数を何件増やすことができるのか？」

「増加する売上見込みはいくらか？」

「導入コストは？」

すると、営業部長から賛同を得られ、導入がスムーズに進みました。読者の皆さんもお気づきの通り、**相手の興味関心の高い内容に沿って枠組みを設定**したためです。

3つ目は、枠組みを何度もブラッシュアップするという考え方です。先ほど紹介したケースがまさに、ブラッシュアップして提案がうまく通ったケースです。一方、最初から相手の興味関心を明確に把握できればよいですが、多くのビジネスシーンでは相手の本当の興味関心や判断軸が提示されることはありません。そのため、最初から提案の詳細を作り込んでしまうのではなく、まずは枠組みの仮説を立てて、それを相手にぶつけてみましょう。その反応やフィードバックを踏まえて、相手の判断軸を明らかにしていきます。その上で判断軸、つまり相手がもっとも気になるポイントに沿って、枠組みを整理して情報を伝えてあげるのです。

2：適切な順番に沿った「問いの設定力」

次は、問題解決に取り組む際に活用できる「問いの設定力」について、触れていきます。仕事やプライベートで、大小さまざまな問題に直面すると思います。それらの問題にどのように向き合い解決していくのかは、常に私たちの悩みの元になっています。最初に、ビジネスシーンでよく発生するシーンをみてみましょう。

営業部門のメンバーと上司との会話です。

上司：浮かない顔をしているけど、何かあったの？

部下：実は、自分の営業成績が昨年よりも下がっていて、解決に向けた方法に悩んでいるのです。

上司：今、どんな方法を考えているの？

部下：はい、今年の営業成績を少しでも上げるために、まずは訪問件数を増やすことを考えています。

上司：そうなんだね。なぜ、その打ち手を考えているの？

部下：同僚のAさんはとても成果をあげているのですが、彼の動きを見ていると、訪問件数が多いことが分かったからです。

上司：なるほど。まず、できることから行動を変えていくことは良いことだと思うけど、今のままでは、その努力が成績に結びつかない可能性もあると思うよ。

部下：え……そうなんですか⁉

いかがでしょうか。このケースでは、部下は営業成績の低下に悩んでおり、訪問件数を増やすことを検討していましたが、上司から成績に結びつかない可能性を指摘されて困っています。この状態を「問い」の観点から整理してみたいと思います。部下が設定した問いは、

「どうすれば、営業成績を伸ばせるのか？」

という、解決策を考える内容だったと推察されます。解決策を考えることは重要ですが、必要なステップを抜かしていきなり解決策の検討に着手してしまっています。また、「成果を挙げている同僚Aさんの真似をすれば自分も成果を出せる」という前提を、無意識のうちに持っていることも気になります。

このように、問題に直面した際に「どうすれば解決できるのか？」と打ち手に向かった問いをいきなり持って検討を進めてしまうのは、ビジネスシーンでありがちです。私も若い頃は解決策をすぐに考えてしまう癖があり、よく上司から指摘をされていました。

ここで意識したいことは、**問題解決の検討には適切な順番があり、その順番に沿って考えていく必要があるということ**です。ここからは、私が運営に携わっている動画学習サービス「GLOBIS学び放題」で常に人気ランキング上位の「クリティカル・シンキング2（問題解決編）」で紹介されている考え方を紹介しながら、改めて問いの設定力との関係について見ていきたいと思います。

下の図で全体像を確認しましょう。問題解決の4つのステップが紹介されています。この順番に沿って適切な問いを設定し、分析・思考を進めていくことで、効率的に問題解決に繋げることが可能です。

図　問題解決のステップ

WHAT
WHERE
WHY
HOW
問題の明確化
問題は何か?
どの程度の問題か?
問題箇所の特定
どこが悪いのか?
原因の追求
なぜ、そうなっているのか?
問題の明確化
どうすればいいのか?

出典：「クリティカル・シンキング2（問題解決編）」GLOBIS学び放題

先ほどの営業成績の低下という状況について、4つのステップを活用しながら確認していきたいと思います。

WHAT（問題の明確化）

問題が発生したと〝認識〟した際の最初のステップは、問題を明確にすることです。ここで、〝認識〟と強調しているのは、**自分は問題と捉えているが実際には問題ではない、という可能性もある**ためです。また、問題を正しく定義し、問題の程度を確認することも、最初のステップとして大切です。

例えば、業界全体が大幅なマイナス成長のため、今年の売上目標はマイナス10％と設定したとします。その中で営業成績をマイナス5％に留められていたら、それは問題ではありません。逆に市場全体が急成長している中でマイナス5％の営業成績は、問題があると言えるでしょう。このように、問題というのは理想と現実のギャップの差分によって明確になります。そのため、**問題を認識したと感じたら、いきなり原因把握や解決策を**

考えるのではなく、まずは「この状態における理想は何か？」、「理想に対して現状は？」、「ギャップはどの程度あるのか？」という順番で、問いを設定することをおすすめします。

営業成績のように数値で表現されない場合にも、この考え方は有効です。例えば、資料作成の依頼を受けたとします。上司から「この資料を来週を目処に作成してください」と依頼されたが、今週・来週に別の突発的な業務が入り、資料作成が進まず困っています。この時、資料作成の期限に間に合わないことを問題と認識し、徹夜で作業することもできるでしょう。しかし、上司に事情を伝えて期限を相談することも可能です。上司としては、提出された資料を修正するため余裕を持って

図　問題とは？

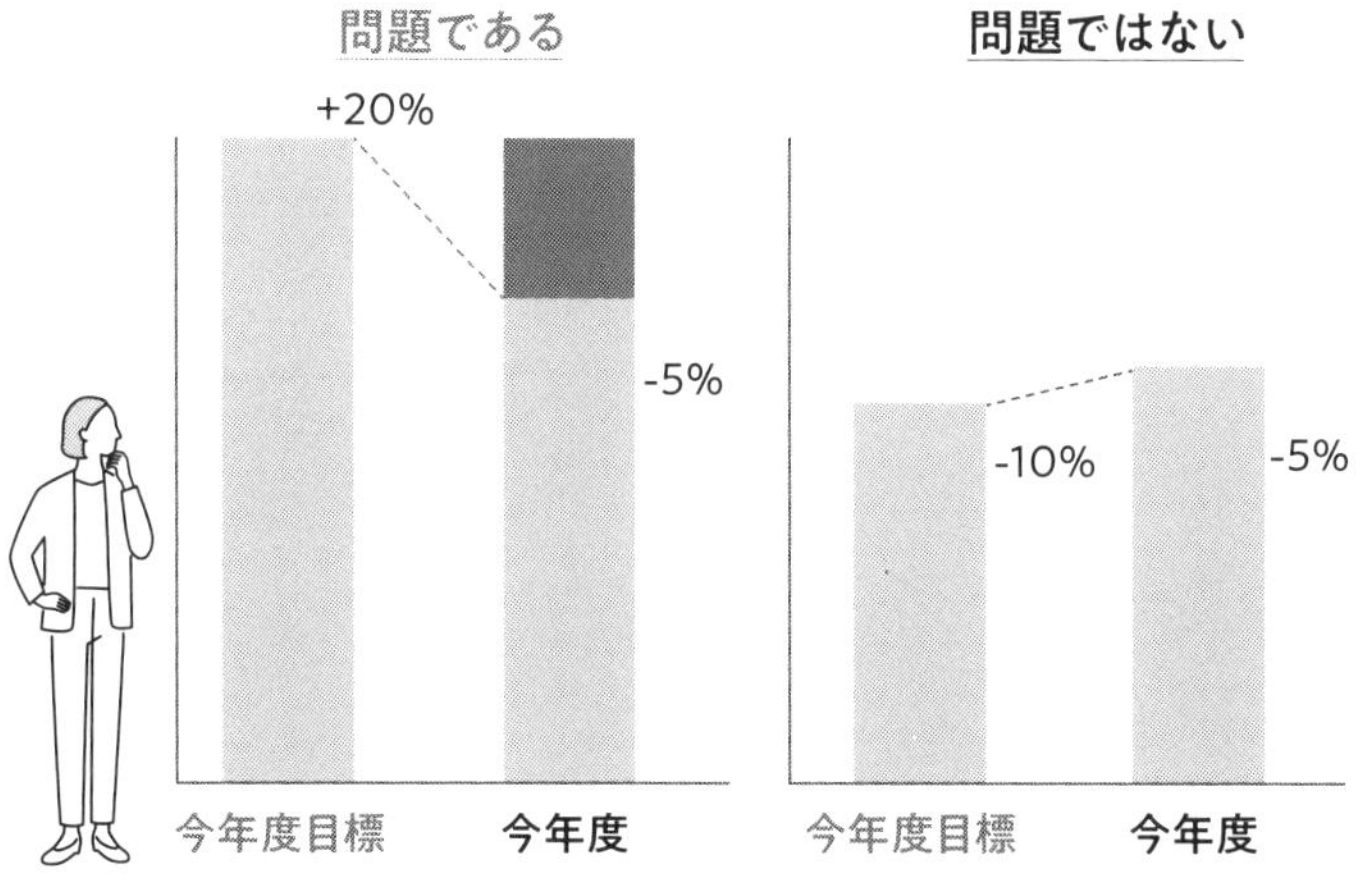

期限を設定しており、事情を踏まえて期限を伸ばすと判断するかもしれません。

このように、一度依頼された期限（≒理想）を絶対的なものと固定して、作業進捗（≒現状）を早めることだけが正解ではありません。状況次第ですが、依頼主に相談するなどして期限（≒理想）側を調整するという発想も持てるとよいでしょう。ただし、あまり調整をしすぎると、期限を守れないという評価をされてしまうので、慎重に判断してください。

WHERE（問題箇所の特定）

問題とは「理想と現状のギャップ」と先ほど述べましたが、それに沿って先ほどのケースを整理してみます。

理想：昨年対比で5％の成長、売上として1億円を達成する
現状：このままの進捗では、売上は9000万円ほどの着地となる
問題：1000万円の売上不足

計画よりも売上が1000万円不足していることが問題と定義した後に陥りがちなのは、すぐに原因を深掘りしていくことです。問題の原因を深掘りすることは一見すると正しいように見えますが、「なぜ、1000万円が不足しているのか?」という問いでは、活動量が足りないのか、顧客側に原因があるのか、市場全体の動きに原因があるのか、無数の仮説が考えられます。考えられる仮説を洗い出して、全て検証していく方法もありますが、あまりにも非効率的です。また、最初に思いついた仮説を正しいと思い込み解決策を考えてしまうのも、避けたいところです。

そこで次に考えたいのは、2つ目のステップであるWHERE（問題箇所の特定）です。例えば体の調子が悪い時には、体のどの箇所がとくに悪いのかを把握してから、考えられる原因を調べ、適切な処置をすると思いますが、それと同じようなイメージと捉えてください。**問いの観点で言い直すと、「なぜ、問題が発生しているのか?」ではなく、「どこに、問題があるのか?」という問いを設定することです。**

売上が計画より1000万円マイナスになっている場合、新規顧客・既存顧客もしくは企業規模別（大企業、中企業、小企業）、エリア別など、複数の切り口で分解して問題箇所を特定していきます。例えば、新規顧客は計画通りだが、既存顧客の契約継続に課題があることがわかったとします。さらに、企業規模別にみていくと、大企業での取引金額がとくに減少していることが判明しました。ここまで問題箇所を特定できると、その原因把握や解決策の検討がしやすくなります。

問題箇所の特定を実際に行う際、どのような切り口で分解すればよいかという相談をいただくことがあります。唯一の解はなく、基本的には複数の切り口で何度か分析を行い、問題箇所を特定することが求められますが、ひとつ注意したい点があります。それは、

図　問題箇所の特定

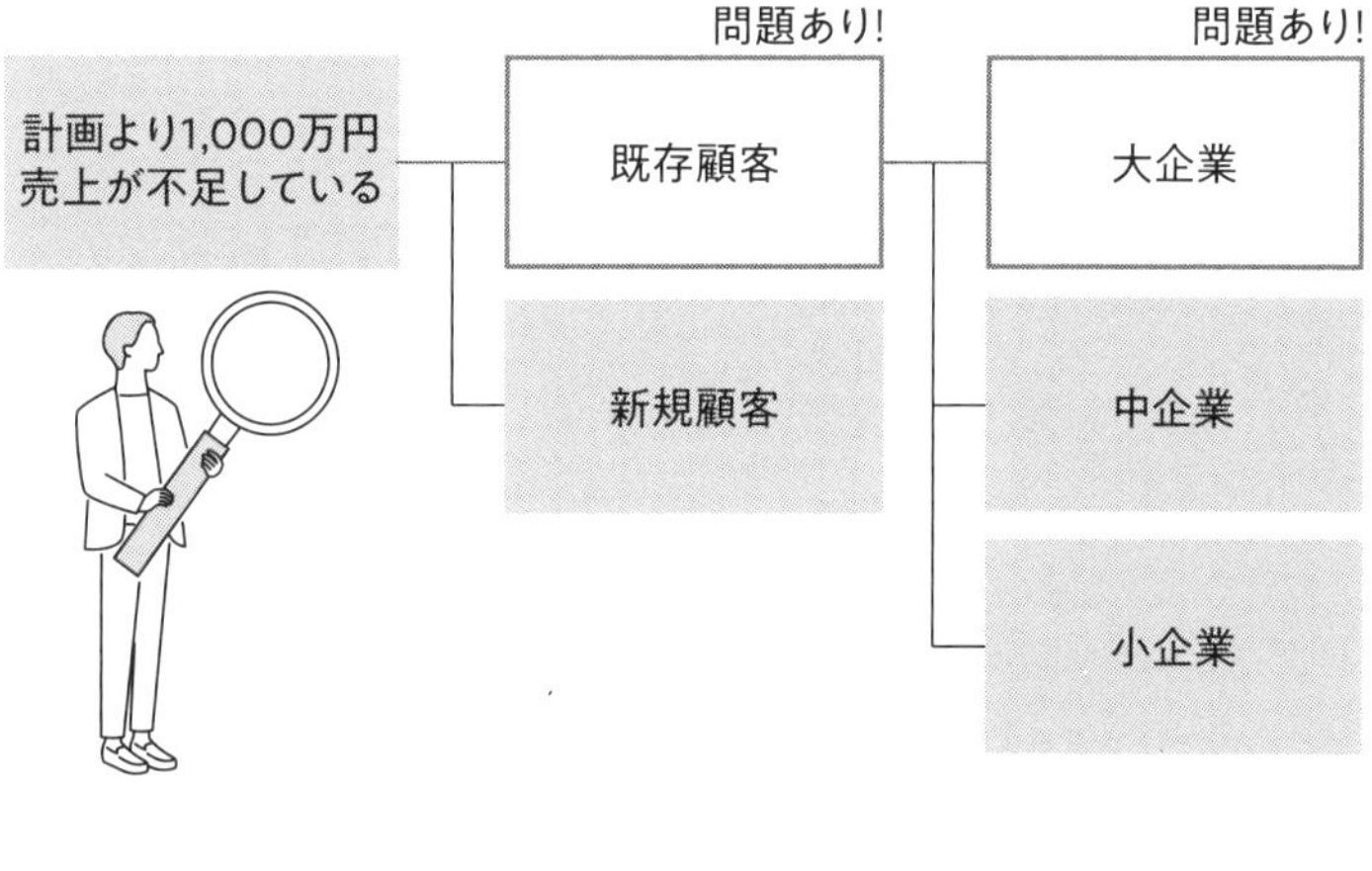

「問題箇所を施策から特定しようとせず、可能な限り定量的に分解して特定する」ということです。今回のケースで具体例をあげると、避けたいのは販売単価、商品力、プロモーションなどに分解して問題を特定するアプローチです。仮に、「販売単価・商品力には大きな変更はないため、プロモーションに問題がある」と特定しても、この時点では仮説や主観でしかなく、これを前提に解決策を考えることにはリスクが伴います。先ほどのように、定量的に分解して問題箇所を特定できた場合は、客観的でありスムーズに問題解決に繋げることができるでしょう。

WHY（原因の究明）

さて、ここまでのWHAT、WHEREのプロセスを通して次のような検討を進めてきました。

問題：計画より1000万円売上が不足している
問題箇所：既存顧客の中でも、とくに大企業での売上減少が著しいここで、その後のストーリーをみてみましょう。

先輩：その後、売上成績の問題はどうなりました？

部下：はい、先日のアドバイスを踏まえて、問題とその箇所の特定を行いました。その結果、既存顧客、中でも大企業の売上が落ちていることが分かりました。

先輩：そうなんだね。それで、この先はどうしようと考えているの？

部下：改めて原因を考えたところ、実は競合A社が近年、大企業向けに広告投資を増やしていることが判明しました。私たちの売上減少の原因も、競合A社の広告の影響だと考えています。そのため、マーケティング部門に広告投資を増やしてもらうように提案する予定です。

先輩：競合A社の広告強化は確かに影響しているかもしれないけど、本当にそれが原因なのかな？　因果関係がつながっていないと思うよ。

部下：因果関係ですか？

いかがでしょうか。既存顧客、中でも大企業セグメントで売上が減少している原因を考え始めたのはいいですが、先輩から因果関係が見えないと指摘をされて困惑をしています。

ここで触れられている「因果関係」とは、「あるものごとが、原因と結果の関係で繋がっていること」という意味です。車のアクセルを踏んだから（原因）、車が走り出した（結果）という具合です。今回の主人公も、競合A社が大企業向けに広告投資を増やしたから（原因）、我が社の売上が減少した（結果）という形で考えているようです。しかし、読者の皆さんもお感じのように、やや説得力にかける説明になってしまっています。その理由を理解するため、因果関係が成り立つ条件をみてみましょう。

因果関係が成り立つ条件は、大きく分けて3つあると言われています。

1つ目は、「時間的順序が正しいこと」です。例えば、自社の売上減少が始まったのが、競合A社の広告強化前だとします。この場合は、競合A社の広告強化が原因ではなく、他に原因があると言えるでしょう。

2つ目は、「相関関係が存在すること」です。相関関係とは、ある値の変化に合わせて、もう1つの値も変化する関係のことを指します。例えば、身長と体重、勉強時間と成績の関係などが一般的です。自社の売上が減少したのと同じタイミングで、競合A社の売上が向上したとすると、相関関係がある可能性もあります。しかし、先ほどのケースでは競合A社の売上が向上したという情報が得られていない状況なので、相関関係があるとは断言できません。

3つ目は、「第3因子が存在しないこと」です。先ほどのケースで、仮に自社の売上減少と競合A社の売上向上に相関関係があったという前提で、法改正という第3因子がある場合を考えてみましょう。競合A社は、以前から企業内のストレス診断サービスを提供していました。これまでこのサービスの売上規模は小さかったのですが、法改正により大企業のストレス診断が義務付けられたことで、急激に売上が増加したとします。このように、法改正という第3因子があった場合は、自社の売上減少・競合A社の売上増加という相関関係があるように見えても、実際には別要因が関係していることから、因果関係があるとは言えないでしょう。

以上、因果関係が成り立つ条件をみてきましたが、ここからは実際に因果関係を考える際のポイントを2つに絞って紹介します。

1つ目は、「考えられる要因を具体的に洗い出すこと」です。先ほどのケースでは、既存顧客の大企業セグメントの売上減少の要因として、競合A社の広告投資の拡大を挙げていましたが、それだけで終わらせずに他の選択肢も洗い出していきます。例えば、競合観点だけではなく、自社の観点から「自社サービスがお客様を惹きつけられていない」、顧客側の観点から「大企業セグメントのお客様ニーズに、大きな変化があったのではない

図　因果関係が成り立つ条件

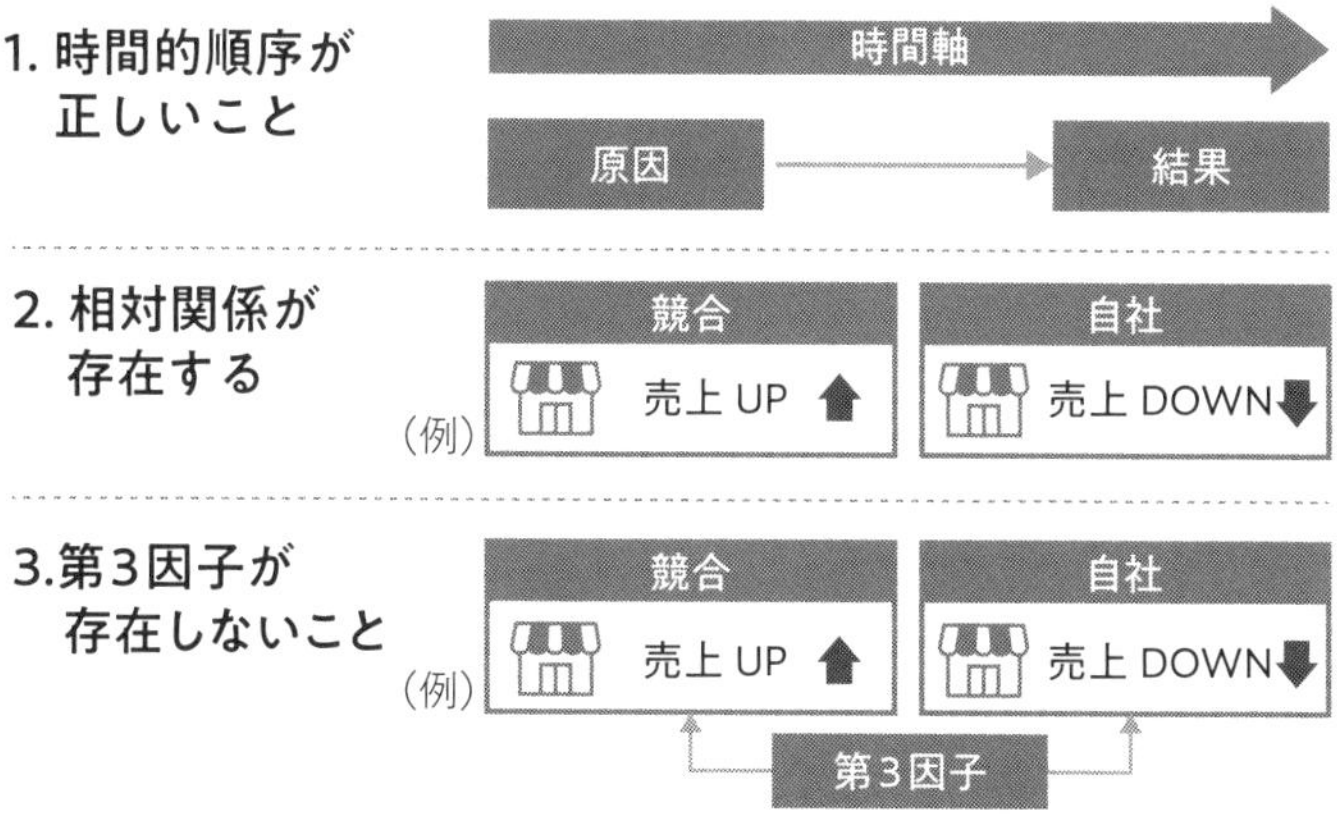

出典：「クリティカル・シンキング 2（問題解決編）」GLOBIS 学び放題

か」といった形で洗い出していきます。洗い出した内容について、先ほど紹介した「因果関係が成り立つ3つの要素」などを参考にしながら絞り込んでいきます。

2つ目は、「原因をさらに問い続けること」です。1つ目のポイントを押さえるためのプロセスで「自社サービスがお客様を惹きつけられていない」という部分に原因があったと特定できたとします。ここで思考を止めずに、原因をさらに問い続けていきます。

例えば、「自社サービスがお客様を惹きつけていない」のはなぜか？　という問いを続けるといった具合です。そして、さらに

・既存顧客への提案方法に課題があるのではないか？
・サービス導入後の満足度に課題があるのではないか？
・継続や追加の提案ができていないのではないか？

のように、候補を洗い出して、原因を特定していきます。分析の結果、「サービス導入後の満足度に課題がある」ことが見えてきたら、再度その原因を問い続けていきます。

・新規営業に時間を多く使っているのではないか
・サービス導入後に、お客様の満足度を把握する仕組みがないのではないか
・お客様がどれくらい追加予算があるか把握していないのではないか

このように、原因が具体化されるまで問い続けていきます。

HOW（解決策の立案）

問題解決の最終ステップは、「HOW」、つまり解決策の立案です。ここでの問いは、「（特定された原因に対して）どうすればいい

図 WHYを掘り下げる

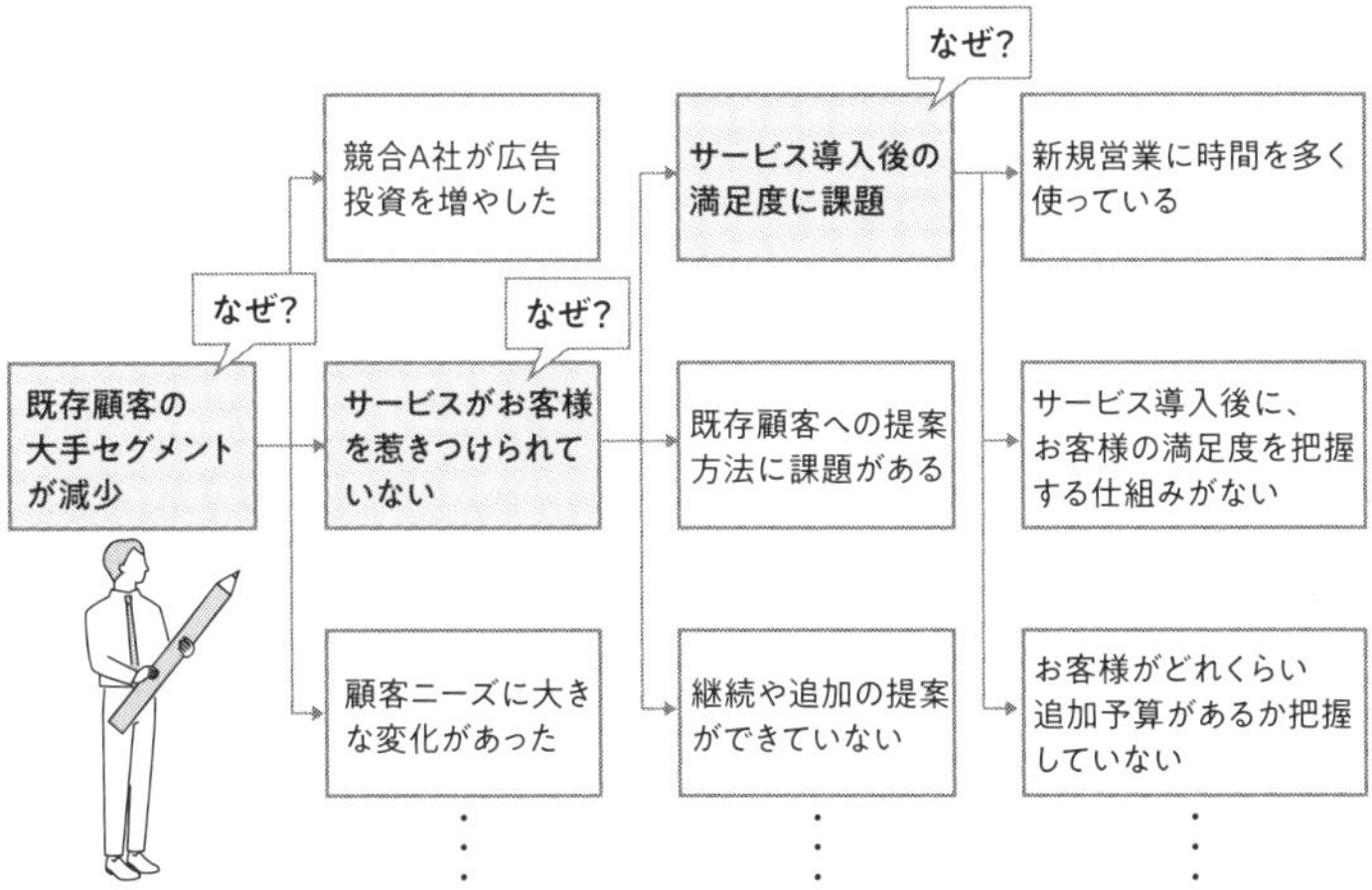
既存顧客の大手セグメントが減少
なぜ?
競合A社が広告投資を増やした
サービスがお客様を惹きつけられていない
なぜ?
顧客ニーズに大きな変化があった
サービス導入後の満足度に課題
なぜ?
既存顧客への提案方法に課題がある
継続や追加の提案ができていない
新規営業に時間を多く使っている
サービス導入後に、お客様の満足度を把握する仕組みがない
お客様がどれくらい追加予算があるか把握していない

のか?」となります。ここまで問題の特定、問題箇所の深掘り、そして原因の確認を丁寧に進めてきたので、あとはその原因を解決する方法を考えるフェーズです。

ここでは、2つの視点を紹介します。1つ目は「オプションを広げる」です。先ほどのケースで原因を深掘りした際に、「新規顧客に多く時間を使っていること」が、既存顧客の不満足につながり、結果として既存顧客の売上減少になっていることが判明したとします。この場合の解決策として、「見込みの低い新規顧客への対応を減らして、既存顧客のフォローを増やす」という内容を立案したとします。しかし、決定する前にオプションを広げてみましょう。例えば、「毎週金曜日は既存顧客フォローの曜日と決めて、必ずコンタクトを取るようにする」や、「既存フォローを中心に行うチームを立ち上げ、営業担当と役割分担する」といった解決策も考えられるでしょう。大切なことは、思いついた打ち手に飛び付かず、他のオプションを幅広い視点で広げることです。

2つ目は「判断軸を決めて選択する」です。複数のオプションを洗い出した後は、判断軸を洗い出します。例えば、コスト、実行可能性、効果、スピードなどが考えられます。それらの判断軸に沿って、選択肢を評価して意思決定するという流れになります。

以上、WHATからHOWまで、問題解決で活用できる4つのプロセスをみてきました。問題が発生したと認識した際は、「どう解決しようか？」というHOWにすぐに視点を向けずに、WHAT（問題は何か？）、WHERE（どこが悪いのか？）、WHY（なぜ、そうなっているか？）という具合に、適切な順番で問いを設定するように心がけてみてください。

なお、この問題解決の4つのステップについては、「GLOBIS 学び放題」の「クリティカル・シンキング（問題解決編）」の中でさらに詳しく学ぶことができます。興味ある方はそちらを参照してください。

図　オプションを広げ、判断軸を決めて選択する

①オプションを広げる → ②判断軸を決めて選択する

	判断軸1	判断軸2	判断軸3	…
オプションA	○	○	×	×
オプションB	×	○	○	×
…	○	◎	○	×

出典：「クリティカル・シンキング 2（問題解決編）」GLOBIS 学び放題

3：ゼロベース思考の「問いの設定力」

続いて、凝り固まった常識から抜け出し、ゼロベースで物事を考えることにつながる「問いの設定力」について触れていきます。最初に、2つのストーリーをみていきましょう。登場する上司の対応に注目してご覧ください。

1つ目のストーリー（理想のオフィスについて、上司と複数の部下が意見交換しています）です。

上司：今日は理想のオフィスについて、意見交換したいと思います。まずは、どのような意見でもいいので、アイデアを出してみてください。

部下：デスクの横に「何でも回答してくれる人型ロボット」がいてくれたら、私を助けてくれるから嬉しいです。

参加者一同：確かにいいね。

上司：人型ロボットですか。理想だけど、実現するイメージはありますか？

部下：いえ……実現方法は思いつきません。

上司：他に意見はありますか？

参加者一同：沈黙。心の声（実現方法を含めて質問されると、発言しづらいよな）

以上が最初のストーリーです。オフィスでよくある意見交換のワンシーンですが、あまり議論が盛り上がっていない印象です。

次に2つ目のストーリーです（同じく、理想のオフィスについて異なる上司と複数の部下が意見交換しています）。

上司：今日は理想のオフィスについて、意見交換したいと思います。まずは、どのような意見でもいいので、アイデアを出してみてください。

部下：デスクの横に「何でも回答してくれる人型ロボット」がいてくれたら、私を助けてくれるから嬉しいです。

参加者一同：確かにいいね。

上司：人型ロボットですか。斬新なアイデアですね。人型ロボットがいることで実現したい目的ってどのようなことですか？

部下：私たちの仕事は、様々なお客様と向き合う際に専門的な知識が必要です。何でも回答してくれる人型ロボットがいたら、いつでも、どこでも、気軽に専門的なアドバイスをくれると思います。

上司：なるほど、いつでも、どこでも、気軽に専門的なアドバイスが得られるオフィス環境が理想ということですね。

部下：はい、その通りです！

上司：何でも回答してくれる人型ロボットは、実現するのはまだ先だと思うけど、いつでも、どこでも、気軽に専門的なアドバイスをもらえるための、別のアイデアは考えられないかな？

別の参加者から：最近、様々な専門家が登録されているクラウドソーシングというサービスがあります。そのクラウドソーシングを使い放題にしてもらえれば、目的は達成できるのではないでしょうか？

参加者一同：それが実現できたら、助かるね！

上司：そうですね。それでは、専門的なアドバイスを提供してくれるクラウドソーシングの導入が現実可能か、具体的に検討してみましょうか。

以上です。2つ目のストーリーでは、1つ目に比べて議論が発展し、前向きな意見交換ができているようです。読者の皆さんは、この2つのストーリーのどこに違いがあると思われますか。この2つのストーリーにおける進行の違いを理解するために、それぞれの上司が発した問いに注目してみましょう。1つ目のストーリーに登場する上司は部下の最初の意見に対して、

「人型ロボットですか。理想だけど、実現するイメージはありますか？」

と、実現方法を質問しています。当然、人型ロボットを設置するのは技術的にも予算的にも非現実的です。部下の気持ちとしては、アイデアを言っても実現方法を質問される、つまり実現可能なアイデアしか発言できないのではないかと推測し、意見を述べることができなくなります。一方で、2つ目のストーリーに登場する上司は、

「人型ロボットですか。斬新なアイデアですね。人型ロボットがいることで実現したい目的ってどのようなことですか？」

と、実現方法ではなくその意見の目的や狙いを質問しています。さらに、その目的を確認した上で、次の問いを部下に投げかけています。

「何でも回答してくれる人型ロボットは、実現するのはまだ先だと思うけど、いつでも、どこでも、気軽に専門的なアドバイスをもらえるための、別のアイデアは考えられないかな？」

これは、目的に沿った別のアイデアを促す問いです。

1人目の上司は、「実現の手段」という問いにより、無意識に部下の発想を却下しています。本人には却下したつもりがなくても、部下はそのように感じてしまっています。もちろんビジネスなので、アイデアだけではなく、実現方法を検討することも重要です。しかし、アイデアを広げる初期フェーズで「どのように実現するの？」という問いを発するの

図　1人目の上司の問い、2人目の上司の問い

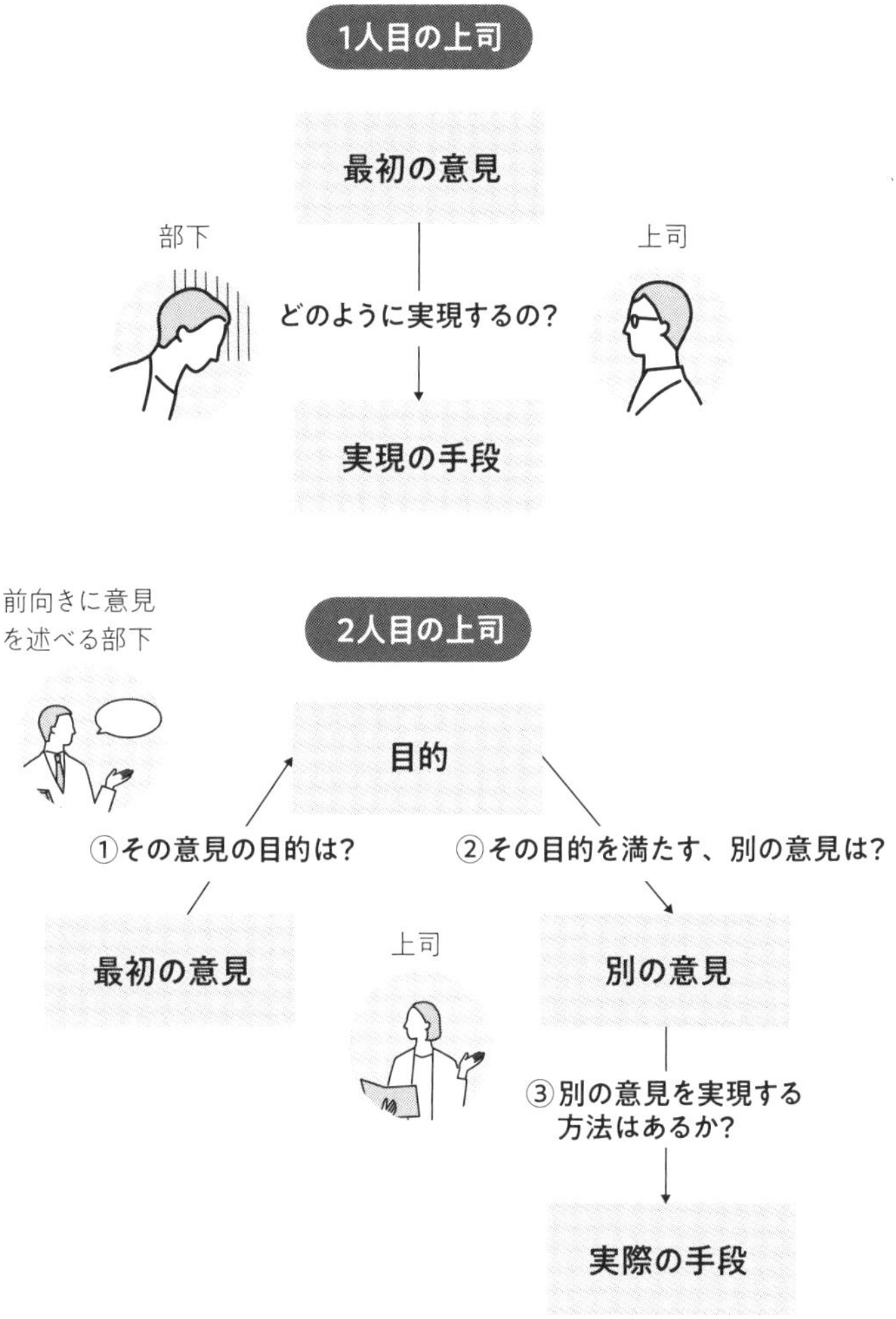

は、適切とは言えません。なぜなら、実現方法という制約を課された状態で考える必要が出てくるからです。p122の図は、1人目の上司と部下の構図です。

2人目の上司は、部下の奇抜な発想を生かして、別のアイデアへと導いています。**最初の意見に対してその目的を問い、さらにその目的に対し別の意見を問うことで、常識に捉われない意見を引き出す流れを作り出しています。つまり、ゼロベースのアイデアを積極的に引き出す問い**と言い換えられます。また、アイデアの広がりだけではなく、部下にとってはモチベーションが向上し、上司としても自分が考えもしなかったアイデアや目的を把握できる良い機会になるのです。

以上のケースでは、上司と部下の意見交換をみてきましたが、この「ゼロベース思考の問いの設定力」は自分の思考においても応用が可能です。実際に私が経験したケースを紹介します。

私自身、これまで複数の新規事業の立ち上げに関与してきましたが、既存の組織には様々なルールや制約が存在し、それに向き合う必要がありました。あるデジタルに関連する事業を推進しようとした際に、既存の社内ルールとして「指定されたエクセルファイルに情報を入力した後、承認をとる」というプロセスが設定されていました。しかし、この承認プロセスに従うと、お客様に提供するためのリードタイムが延びてしまい、結果としてサービスの質が低下するリスクがありました。メンバーと議論をした際に、ある1人のメンバーから「このプロセスを前提に、どのようにスピードを早められるか？」という問いが発せられました。しかし、当時の私は「ゼロベース思考の問い」を学んだ直後ということもあり、以下のような問いを設定しました。

そもそも、このルールは何のためにあるのか？

既存ルールの目的を確認するため、過去にこのルール策定に関与した方にヒアリングをしました。数年前に、このプロセスに関する大きなトラブルが発生し、それ以来このルールが設定されたということが分かりました。発生したトラブルは確かに避けるべき重要な内容だったので、その必要性は理解できます。しかし、既存のルールでは事業運営に支障をきたしてしまいます。そこで、改めて以下のような問いを設定し検討を進めました。

「過去に発生したトラブルを防ぐ」という目的に沿った形で、別のプロセスを検討できないか？

その後、チームで議論した結果、とあるシステムを導入することで解決できることが分かりました。新規事業だけに限定した小さな実験として、このプロセス導入の承認をとり、数カ月後に問題が発生しないことが確認されると、正式なプロセスとして認められました。当時の私の思考プロセスを下の図で表現しておきましたので参照してください。

過去に設定されたルールが無意味に見え不満を持ちながら、いやいや従っている方も多いのではないでしょうか。かつての私もそう

図　ルールの意味を問う

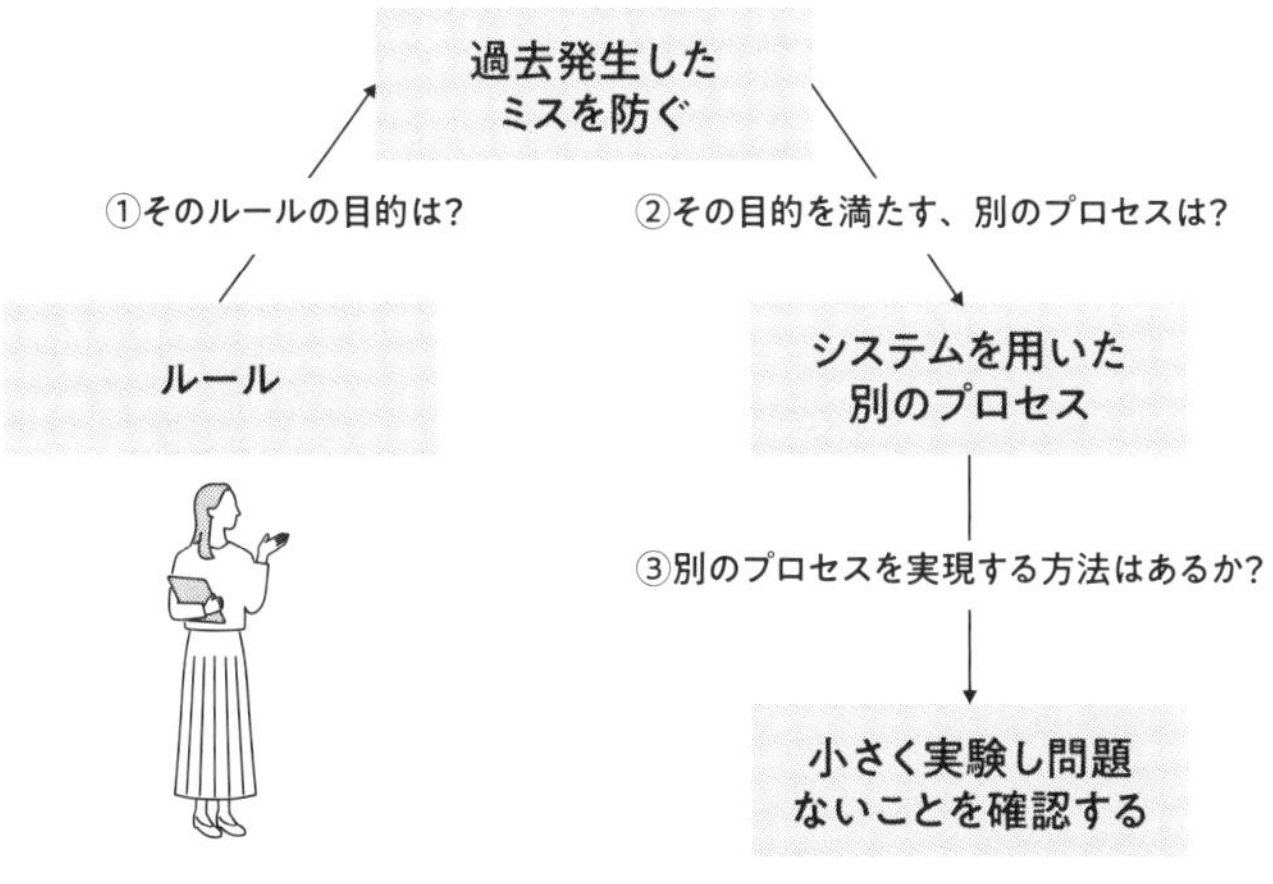
過去発生した
ミスを防ぐ
①そのルールの目的は？
②その目的を満たす、別のプロセスは？
ルール
システムを用いた
別のプロセス
③別のプロセスを実現する方法はあるか？
小さく実験し問題
ないことを確認する

でした。しかし、組織に存在するルールには、設定の目的が存在するはずです。少なくとも、設定された時点では大きな問題意識があり、それを解消することを目的にしているはずです。しかし、時間が経過する中でその目的が形骸化し、ルールを守ることが目的化してしまうこともあります。そこで私がおすすめしたいのは、設定されたルールの目的は尊重しながらも、現状にふさわしい手段を提案していくことです。いきなり全体のプロセスを変えるのが難しければ、小さく実験して問題ないことを実証すればよいのです。

メンバーが発した何気ないアイデアも同様です。一見すると馬鹿げたアイデアに見えても、その意見に敬意を持ち、丁寧に目的を深掘りしていくことで、本質的な考え・発想に辿り着くかもしれません。

4：問いを進化させる「問いの設定力」

前章で紹介した問いの効能の中に、「問いは次の問いを促す」という内容がありました。トヨタの思考法として有名な「なぜを5回繰り返す」の例を挙げて、その意味を紹介しました。ここでは、様々な方向に問いを進化させるための「問いの設定力」についてみていきましょう。

私は現在、グロービス経営大学院の教員として、多くの学生と接点があります。グロービスの授業では、教員が答えを直接的に教えるのではなく、問いを投げかけることで学生自らが考え、自分なりの結論に辿り着くように支援します。投げかけた問いに対して、学生からは様々な意見が寄せられるのですが、その意見をさらに深めたり、広げたりすることで多角的な学びを提供することが可能になると実感しています。

これから紹介する内容は、同僚との対話、会議でのファシリテーション、さらに自分の思考を広げたり整理するシーンでも効果を発揮します。

基本編4つ、応用編4つで合計8つの問いを紹介したいと思います。

問いを進化させる問い（基本編）

1：広げる

初期回答に対して、さらに考えを広げるための問いです。**「他に選択肢は？」**、**「この考えだけで本当に良いのだろうか？」**という具合に、1つの回答に満足することなく考えを広

図　問いを進化させる問い（基本編）

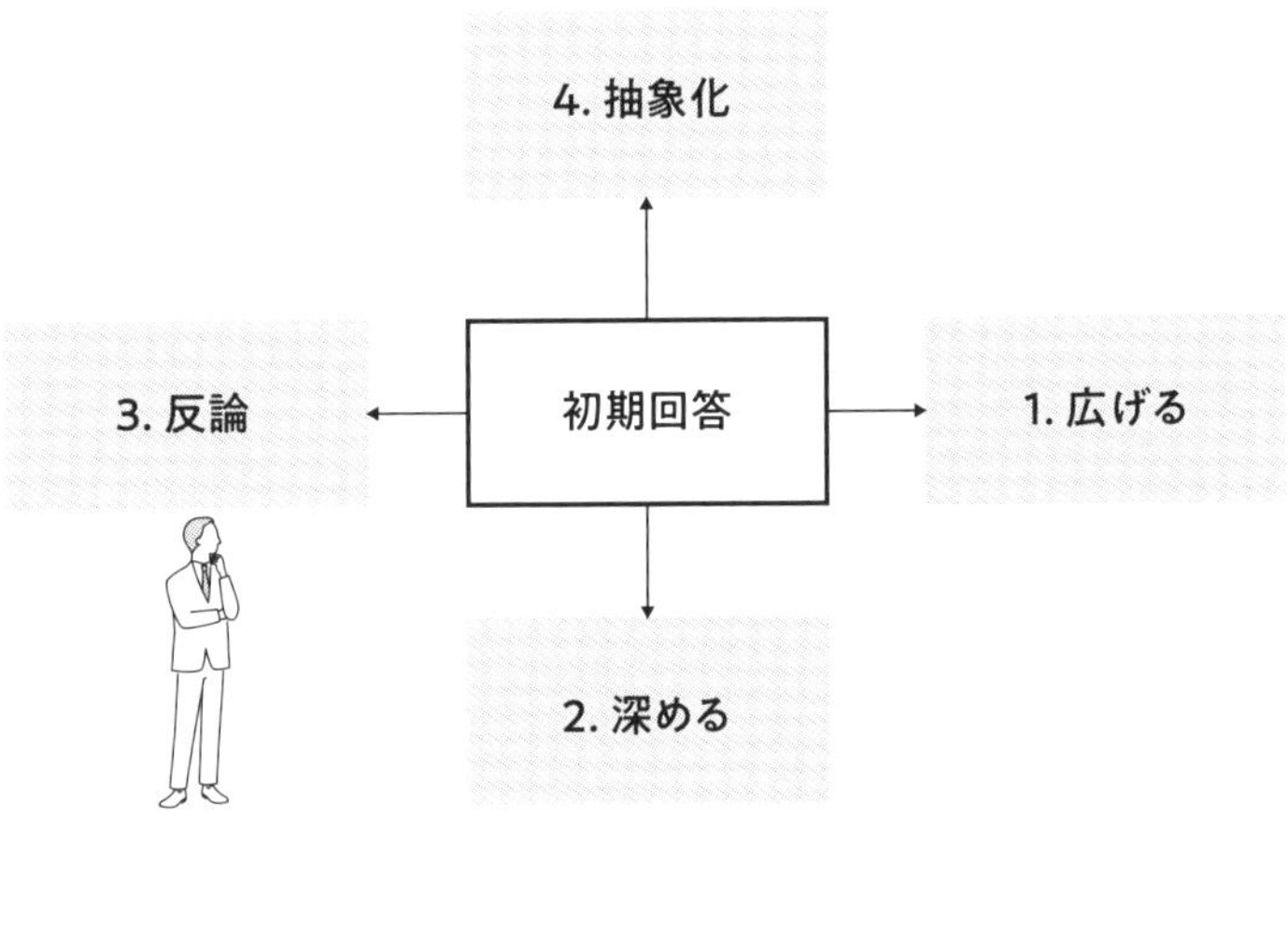

げる目的で活用できます。企画会議でアイデアを出し合うシーンや、対話の相手が1つの考えに囚われている場面などで活用できると効果的でしょう。

2：深める

初期回答に対して、その理由を深掘りしていくための問いです。**「その原因は何か？」**、**「なぜ、そのような考えに至っているのか？」**という具合に、出された意見の背景にある考えや事実を炙り出す目的で活用できます。課題の原因を明らかにしていくシーンや、曖昧な考えを具体化する場面などで効果的です。

広げる・深めるの問いは、もっとも一般的であり読者の皆さんも無意識に使っていると思いますが、ビジネスシーンでは意外と躊躇してしまうこともあります。とくに相手が目上の立場の場合には、なおさらそのように感じてしまうでしょう（上司に対して、他に選択肢はありますか？　上司の意見の背景はなんですか？　という質問は、少し難しいですよね）。しかし、他の選択肢を洗い出すことや、理由を正しく理解することは、ビジネスの成果を最大化する上では不可欠な基本姿勢と言えます。伝え方には配慮しながらも、適切に問いを投げかけていけるとよいでしょう。

3：反論を求める

次は、初期回答に対してあえて反論を求めていくことで、考え方をブラッシュアップしていく方向性の問いです。多くの場合、人の考えや意見には主観が含まれています。プライベートな会話であればそれでも問題はないですが、ビジネスや自分の人生を左右するような大切な意思決定時には、様々な角度からその考え方を点検して、検討漏れを防ぐことが求められます。その時に効果的なのは、あえて自分とは真逆の視点から物事を捉え直してみることです。そうすることで、複数の視点から検討が可能になり、結果として意思決定の質も高まります。そのもっとも簡単で効果的な方法が、反論を求める問いを投げかけるということです。問いとしては、**「××の意見に対して、どのような反論が考えられるか？」**、**「あえて××に反論しようとすると、どのようなツッコミが入りそうか？」**などが考えられるでしょう。

とくに、同じ価値観を共有したグループで意見交換する際などに、効果的な問いです。なぜなら、同じ価値観を共有している人同士が議論をすると、同じような範囲の意見しか出ないからです。私もチームメンバーと議論する際に、「ここから数分はあえて反論をあげる時間にして、その後にその反論への対策を考える時間にする」と進行することがたまにありますが、全く異なる意見や考え方が導かれることがあります。また、上司やお客様に対して提案するシーンでは、事前に反論を挙げてそれに備えておくことで、安心して本番に臨むことができるでしょう。

4：抽象化する

次は、これまで紹介したものより、少し難易度の高い問いの方向性です。まず、抽象化の意味についてみてみましょう。いろいろな定義がなされていますが、本書では「複数の情報に共通して含まれる要素を抜き出すこと」とします。具体例を挙げると、「りんご・みかん・なし」という3つがあったとして、共通している要素が「果物」であるという具合です。ビジネスシーンで例を挙げると、「営業成績が高い社員の話し方を真似しよう」と成功事例をそのままの形で真似するのではなく、「営業成績が高い社員の多くは、話すよりも聞く時間の方が多い」と抽象化することです。こうすることで自分の営業場面に置き換えて考えることが容易になります。

抽象化するための問いがとくに役に立つのは、物事の全体像を掴んだり、相手にイメージを伝えたりする場面です。ビジネスの現場で扱う情報は複雑であり、一見すると関連性がないように見えてしまいがちです。しかし、この抽象化するスキルがあれば、複雑な事象をシンプルに捉え直すことが可能になります。会議などで、メンバーそれぞれが意見を主張してまとまりがない状態で、「要するに皆さんが主張していることはｘｘですね」とズバッと本質をつくことが上手な上司がいましたが、毎回、さすがだなと感心していました。また、相手に何かを伝えるときに、最初から具体的な話をしてしまうと全体像が分からず混乱してしまう可能性があります。「今からお話しすることは、要するにｘｘということです」と大枠を示してあげることで、聞き手により伝わりやすくなります。

抽象化するための問いの例としては、**「つまり、ここから何が言えるのか？」**、**「これらに共通していることは何か？」**などがあります。抽象化するスキルは、繰り返し練習することで身についていきますので、普段から意識するとよいでしょう。私のおすすめは、目についたものをランダムに2～3個ピックアップして、それらに共通していることは何か？を考えるというトレーニングです。例えば、今私のデスクの上には様々な電化製品が置いてあります。例えば、「キーボード、マウス、PCカメラ」がありますが、これを抽象化すると「PCに情報をインプットするもの」と言えます。逆に、「モニター、スピーカー、プリンター」は「PCから情報をアウトプットするもの」と抽象化することができます。

下の図に、4つの問いの方向性と問いのサンプルを記載しておきます。

ここまで、問いを進化させる問い（基本編）として、広げる、深める、反論、抽象化という4つを紹介してきました。次は応用編の4つを紹介したいと思います。応用なので、実際に活用するには多少の慣れも必要です。基本編の意識、実践に慣れた上で、次のステップとして試していただけるとよいと思います。

図　問いを進化させる問い（基本編）のサンプル

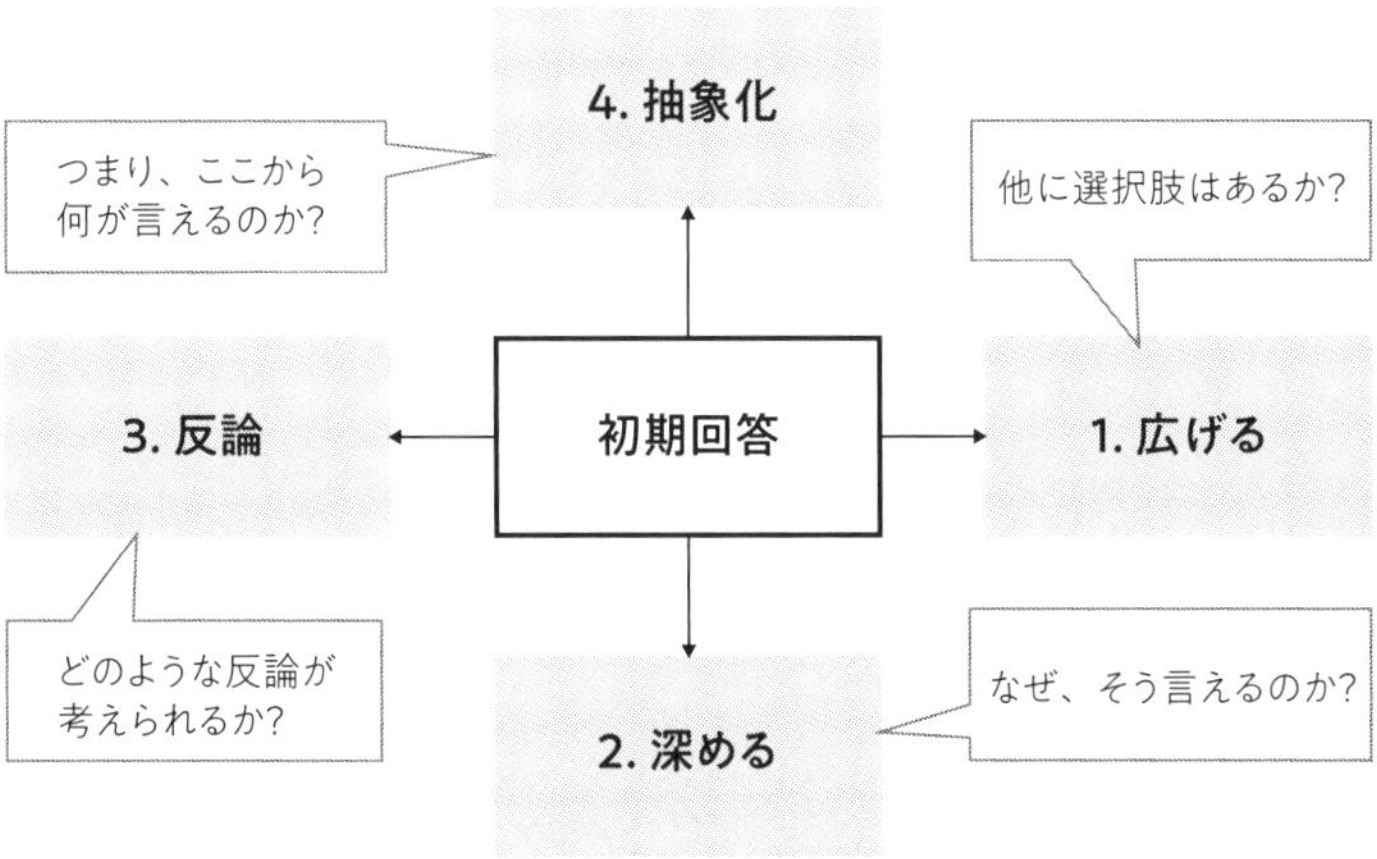

5：他の要因

Ｐ１３４の図の右下に位置する内容です。この領域は、「深める問い」で導き出した内容を、横に広げていくイメージです。深める問いは、要因をドリルダウンし深掘りしていくものですが、他にも要因が潜んでいる可能性もあります。そのため、１つの要因を深掘りする前に、要因の可能性の幅を広げていきます。問いとしては、**「他の要因は考えられないか？」**が考えられます。

6：反論深掘り

Ｐ１３４の図の左下に位置する内容です。この領域では、反論された意見を深掘りします。例えば、自分が提案した内容について聞き手が反対意見を述べたとします。しかし、

図　問いを進化させる問い（応用編）

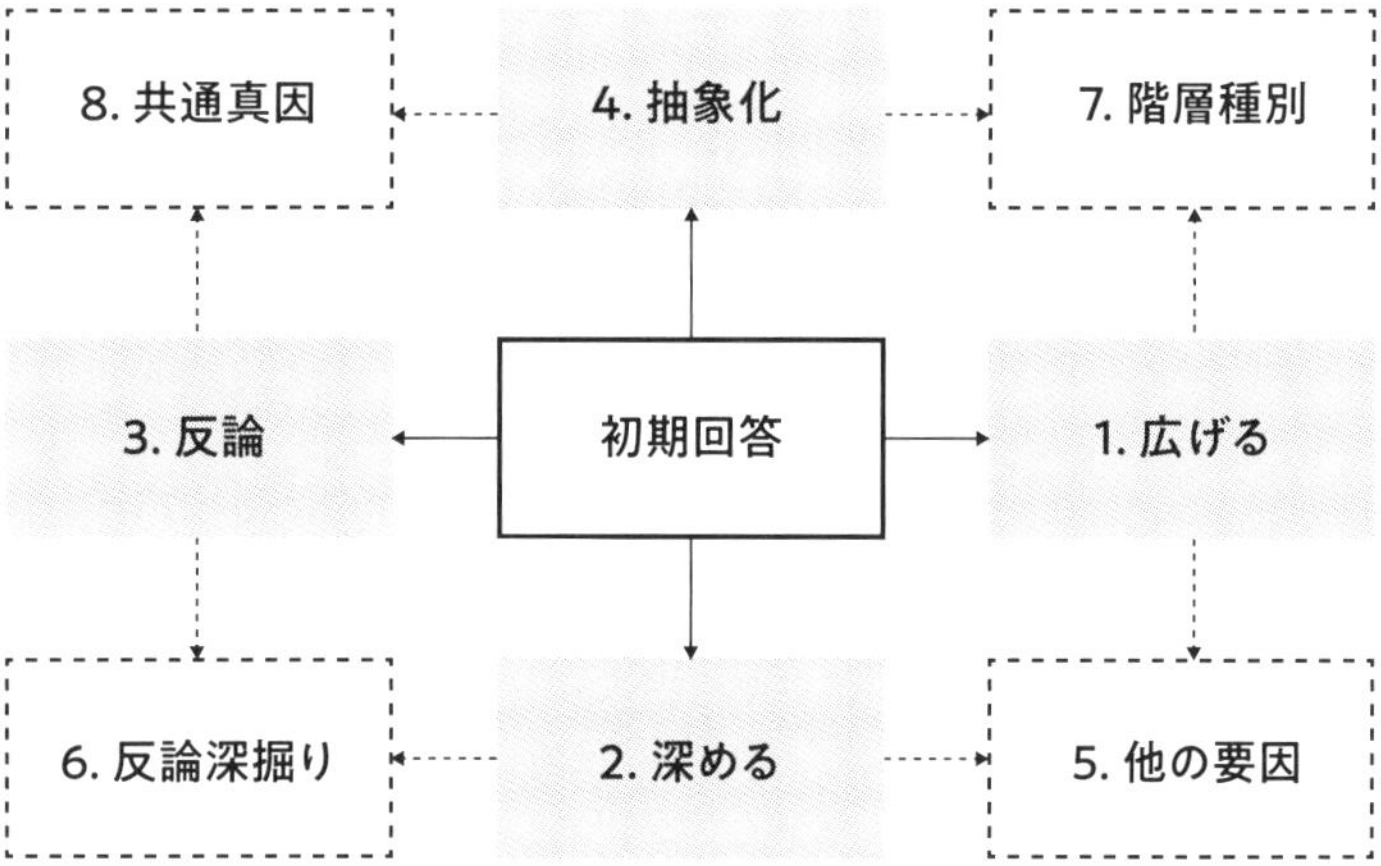

その反論の根拠が不明で納得できない場合には、躊躇せずにその反論の根拠を問いかけていくべきです。問いとしては、**「なぜ、その反論が正しいと言えるのか？」**、**「その反論の根拠は何か？」**などが考えられます。

7：階層種別

P134の図の右上に位置する内容です。この領域では、抽象化された内容に対して、同じ階層で他の選択肢を洗い出していきます。先ほどのデスク上の電化製品の例を再度見てみます。私のデスク上の電化製品である「キーボード、マウス、PCカメラ」の抽象化が、「PCに情報をインプットするもの」と紹介しました。この時、インプットと同じ階層で別の選択肢を挙げていきます。例えば、「PCから情報をアウトプットするもの」ということができます。さらに他の選択肢を挙げると、「PCから独立しているもの」などが考えられます。なお、このように抽象化された他の選択肢を挙げることで、その中での具体例を洗い出すことが容易になります。「PCから独立しているもの」の具体例としては、「置き時計、加湿器、温度計」などがあります。

問いの例としては、**「同じ階層で、他にどのような選択肢があるか？」**などが考えられます。P137にイメージをのせているので参考にしてください。

8：共通真因

P134の図の左上に位置する内容です。この領域では、反論された複数の意見に共通している事象を導き出します。「複数の反対意見を抽象化する」と言い換えることもできます。問いの例としては、**「複数の反論に共通していることはあるか？」**などが考えられます。原理は抽象化と同様なので、詳細説明は割愛します。

以上、応用編として4つの問いを紹介してきました。いずれも意識して使い続けることで、自然に活用できるようになる問いです。イメージをしやすいものから活用してみてください。

図 問いを進化させる問い（応用編）サンプル

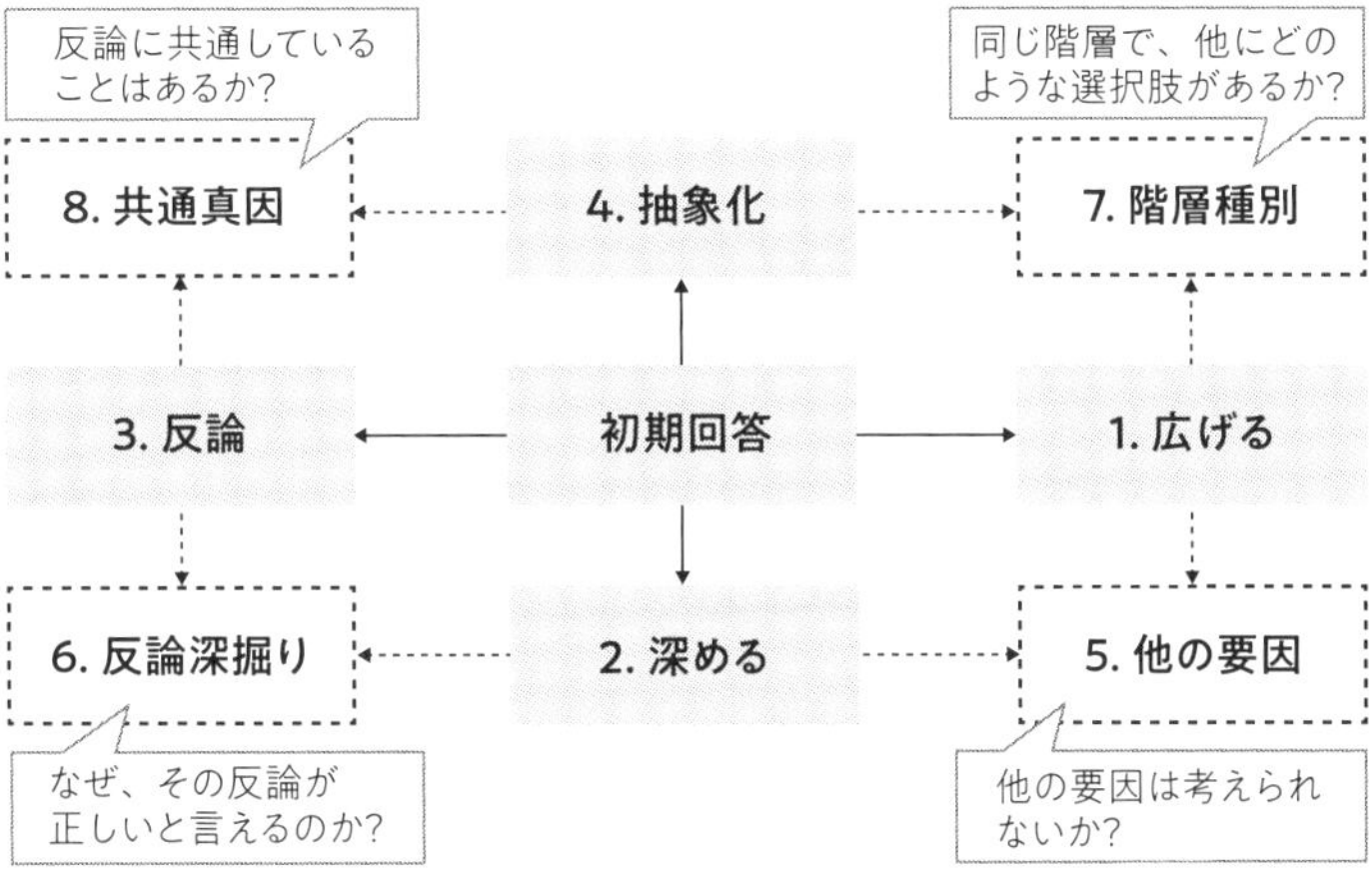

図 「7.階層種別」事例のまとめ

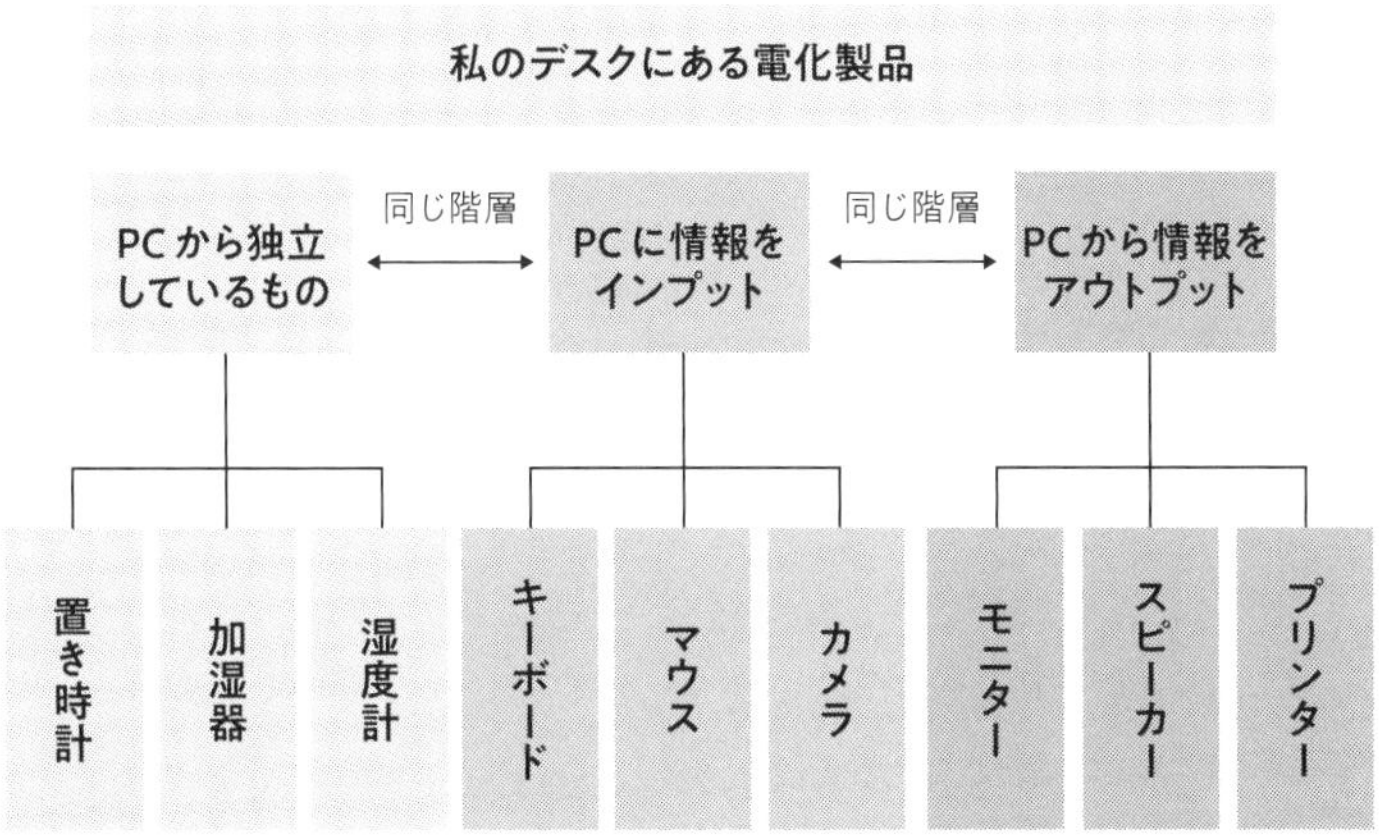

5：「自分らしさ」を再発見するための「問いの設定力」

最後は、問いの力を活用して、自分の価値観、「自分らしさ」を再発見するというテーマです。これについては、改めて「自分らしさ」や「自分の価値観」に向き合う必要性と合わせて考えていきたいと思います。そのため本書の第6章、7章で詳しくみていきます。

「問いの設定力」の全体像

以上、5つの「問いの設定力」について詳しくみてきました。最後に、5つの問いの関係性について触れてみたいと思います。P139の図に示した通り、「イマ・ココで答えるべき問い」（≒視座）と「適切な順番の問い」（≒視点）はマトリックスで表すことが可能です。自分が何を考えるべきか、もしくは、今自分は何を質問されているのか、という疑問が湧いた際には、頭の中で以下のような図をイメージするとよいと思います。マトリックスに示した矢印は、一般的な思考プロセスのパターンです。基本的には横向きの矢印のように問題の定義から始まり、要因・解決策へとステップを踏んでいきます。また、今は自分が直接コントロール可能な問題に注力するべきなのか、もしくはあえてチーム（隣接）領域の問題を考え始めるべきなのか、という縦向きの矢印も視座として持っておくとよいでしょう。

マトリックス内で設定された問いに対して、さらに思考を深めたり、思考をジャンプさせたりするための方法論として、「ゼロベース思考」や「問いを進化させる問い」が活用できます。最後の「自分らしさ」は、論理的・合理的に考えた結果、それでも判断がつかな

図　「問いの設定力」の全体像

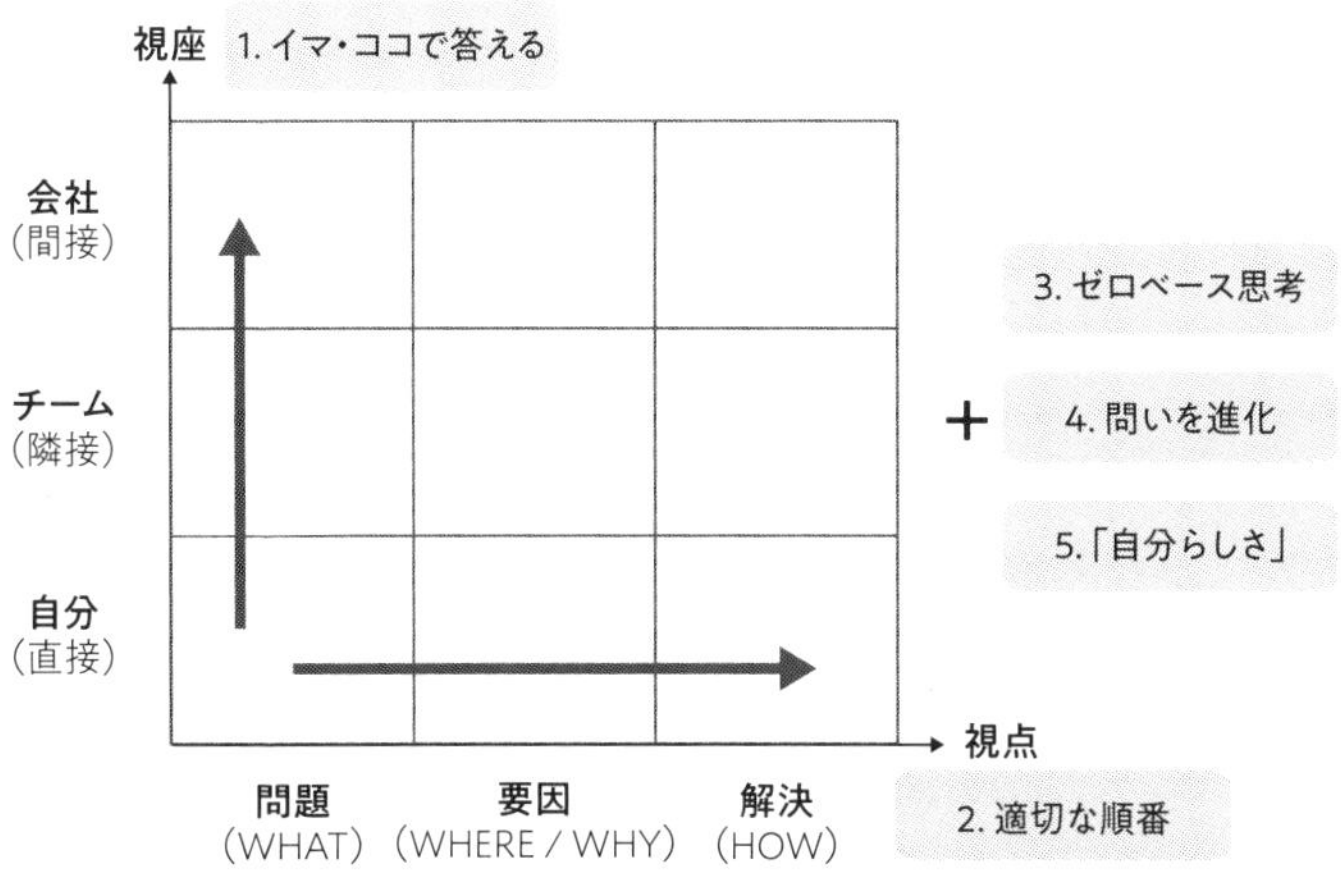

いという場合や、そもそもの疑問やモヤモヤが離れない場合に、チェックする意味合いでも活用ができます。この「自分らしさ」に関連する問いについては、後半の章で触れていきます。

ここまで、ＡＩに答えられない問いの設定力として5つの種類についてみてきました。全てを暗記する必要はないので、仕事ですぐに活用できそうな問いから、ぜひ実践してみてください。実際に問いを設定して、自分で答えることで、きっと新しい発見と手応えを得ることができるでしょう。

第4章

「決める力」を高める

図　AFTER AI時代の「決める力」

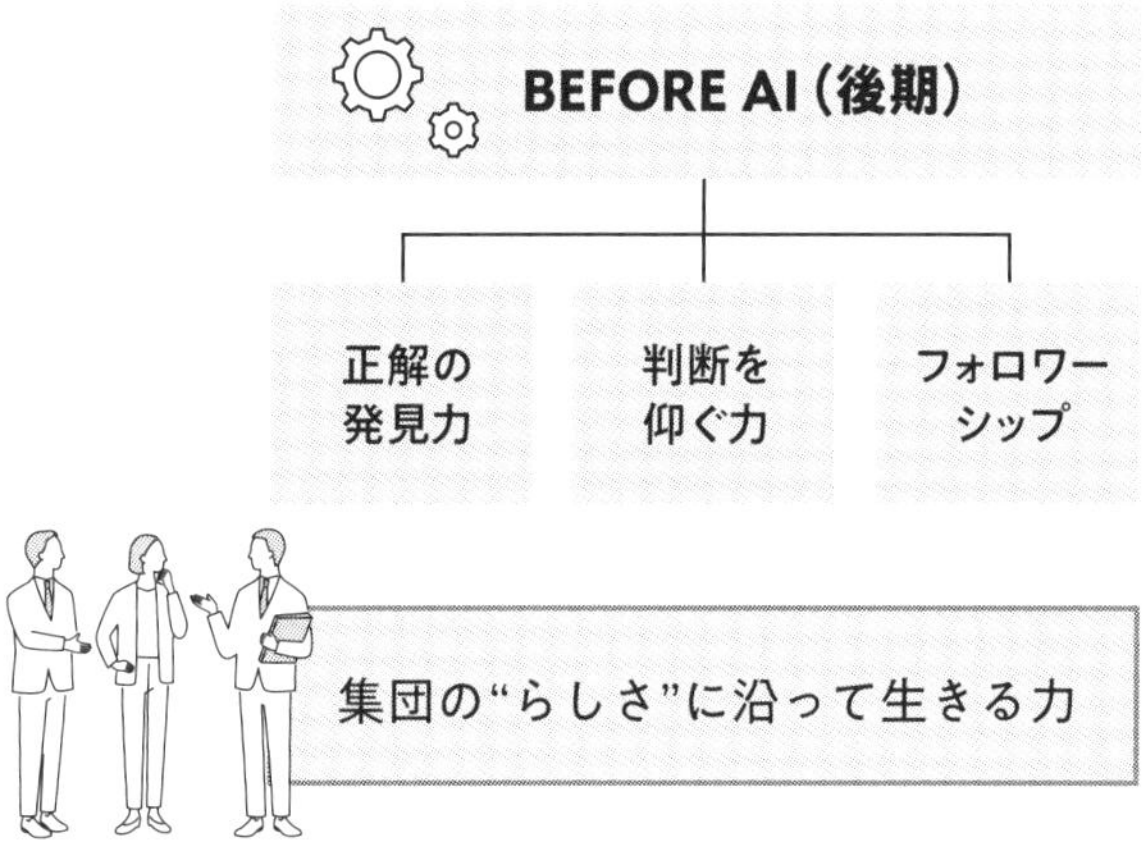

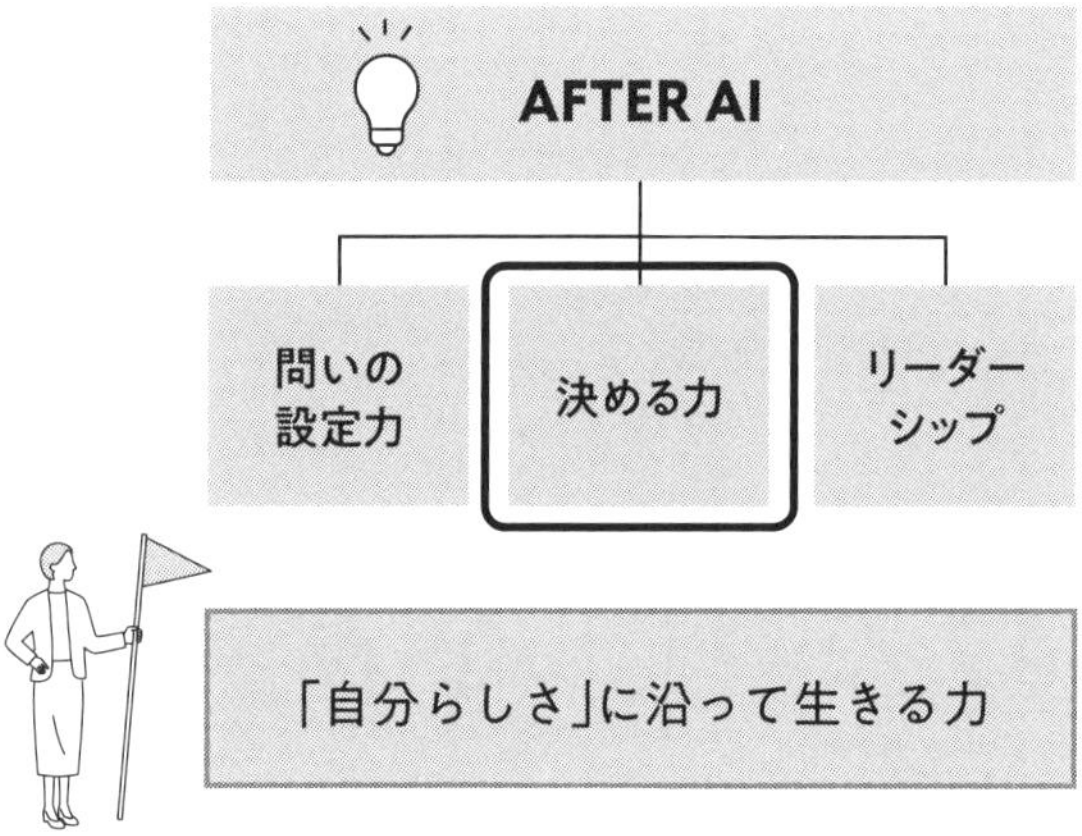

AIからの「もっともらしい提案」に決断を下すのは誰？

グロービスで、教員の仕事と同時に「GLOBIS 学び放題」の事業リーダーをしている私は、毎日事業方針について考え続けています。日々の実務でもChatGPT（生成AI）を利用している私は、ある時、次のような質問をAIに投げかけてみました。

問い：「GLOBIS 学び放題」の今後の事業方針はどうあるべきか？

ChatGPT 4からの提案：

1．デジタルイノベーションとカスタマイズされた学習体験

AIや機械学習を活用し、個々の学習者に合わせたパーソナライズされた学習経験を提供する。これにより、ユーザーが自分の興味や必要に応じてコースを効率的に選択し、学習成果を最大化できるようにします。

2. 産業界や他の教育機関とのパートナーシップ

企業や組織と協力し、特定のニーズに合わせたカスタマイズされた研修プログラムを開発し、ビジネス界との連携を深める。

3. グローバルな市場への拡大と多言語対応

英語以外の主要言語でコースを提供し、さまざまな国や文化的背景を持つ学習者にアクセスしやすくする。この多言語対応は、グローバルな市場への拡大に不可欠です。

（ChatGPT4の回答）

提案された3つの方向性は、いずれも検討の余地がある選択肢で、すでに着手しているものもあれば、新しい気付きを得られたものもありました。さらに、プロンプト（＝問いの入力方法）を工夫し繰り返す中で、もっともらしい戦略方針が複数提示されました。その後、実際に戦略方針を決めるフェーズの中で、**「生成ＡＩから提案される内容は、どれも間違ってはいない。しかし、いずれも決め手にかける」という感覚を持つようになりました。**さらに考えを進めるうちに、「生成ＡＩに良い提案をもらっても、最終的に決めるのは自分だよな」という至極当たり前の結論に至りました。そして、「そもそも、決める力はどのようにすれば身につくのか？」という問題意識を持つようになりました。

ＡＩが進化し、人間の思考力をサポートする時代では、決める力の重要性はますます向上していくと思われます。情報を整理して、選択肢を示し、ダメ出しに対して何度も提案をし続けるというＡＩの能力は、今後ますます進化していくと思われます。一方で、ＡＩに提示された選択肢〝も〟参考にしながら、現実社会に適用できる、もしくは周囲のメンバーがついていきたくなる決断を下すのは人間であり、そのような能力は今後さらに重要になると感じます。この章では、この「決める力」に焦点を当てて詳しくみていきたいと思います。

決めることは、怖いこと？

私自身が〝決める〟ということに強い問題意識をもったエピソードを紹介します。社会人2年目にベンチャー企業の創業に参画した私は、立ち上げから数年間はいわゆるNo2というポジションで仕事をしていました。共同創業者である社長が決めた方針を組織に落とし込み、成果を出すまで実行するという役割です。創業事業であったPRという領域が未経験だった私にとって、決められた方針を形に落とし込み、改善を続けてお客様に貢献して業績を伸ばしていくのは、最適な仕事であり、やりがいを持って取り組んでいました。

創業から4～5年経過した後、PR事業が成長して利益も順調に出ている中で、新規事業を開始しました。新規事業は共同創業者である社長が担当するため、私はPR事業の担当役員として責任を持つことになりました。当時はミドルマネジャーもすでに育っていたこともあり、役割が変わった後も事業は順調に成長しました。しかし、数年が経過する中で競合が台頭し、価格競争に陥り、さらに不景気の波が押し寄せ、戦略の見直しを迫られたのです。

ＰＲ事業の部長以上の数名が集まり、何度か合宿を繰り返す中で、戦略方針は3つほどの案に絞られました。参加メンバーの意見を聞くことを心がけていた私は、引き続き3つの案について意見を出してもらい、議論を続けていました。しかし、いくら議論を続けても意見がまとまらず時間だけが経過していきました。やや重苦しい雰囲気の中で、参加者の1名が「議論はし尽くしたと思う。あとは、鳥濱さんが決めるべきではないか？」と発言をしました。私以外の参加者全員が強く同意をしましたが、私はその場で判断することができず、「一度持ち帰って検討させてもらいたい」というのが精一杯な状態でした。

恥ずかしい話なのですが、当時の私は、リーダーとして決断できない無能さと精神的なプレッシャーに追い詰められ、リーダーポジションから降りることも真剣に考えたほどでした。その時に、「決めることは怖いこと」という強い感情を持つようになったのです。

決めるに潜む、お化け

決めることは怖いこと。

こう強烈に感じた私は、決めることの不安に改めて向き合い、その正体を言語化していきました。多くの不安要素が洗い出されたのですが、不安の正体は最終的に3つに集約することができました。

1つ目の不安は、見えていない（考えきれていない）ことへの不安です。議論を通じて、複数の選択肢を洗い出してはいますが、もしかしたら自分が見落としている領域があるのではないか、深く考えきれていないのではないか、そのような状態で判断して本当によいのだろうか、といった不安です。これは、事業方針を決めるといった組織にかかわる判断だけではなく、例えば自分のキャリア上の選択や日常の小さな意思決定にも同じように当てはまります。

2つ目の不安は、決めた後に起きることへの不安です。リーダーである自分が決めた方針が、本当に成果に結びつくのか、もし誤った判断だった場合、多くのメンバーに迷惑をかけてしまうのではないか。そのような将来に対する不安が、常に存在していました。この不安は誰しも持っていると思います。お客様への提案の方向性がこれで正しいのか、メンバーの評価はこれが本当に正しいのか、など決定にはそのあとに起きることへの不安がつきものです。

3つ目の不安は、決める軸がぶれている自分への不安です。ある人の主張を聞くとそれが良いと感じるが、別の人が異なる主張をすると、そちらも良さそうに聞こえてしまう。自分の判断が都度、コロコロ変わってしまう状態に対して、不安を抱えていたのです。そもそも、自分の判断の軸は何なのか？　決めたとしても、また翌日には変わってしまうのではないか？　という具合に、自分を信じられない状態です。

以上、紹介した3つの不安は、程度の差こそあれ、判断する際には皆が感じる不安であると思います。一方でこれらの不安は、適切な視点と検討プロセスを経ていけば、ある程度は解消できると実感しています。むしろ、これらの不安に向き合わず、ただ漠然と怖がっているだけでは、その不安が増幅していきます。まさに、決めることに潜む見えない〝お化け〟のような存在です。次からは、お化け退治に効果的な「決める力」を高める具体的な方法をみていきたいと思います。

モノの見方 3原則と意思決定 3作法

最初に全体像を示します。決める力を高めるためには、3つの見方と3つの作法を身につけることが効果的であると考えます。**「モノの見方 3原則」は、多面的・長期的・根源的の3つで構成され、「意思決定 3作法」は、頭で考え、心で感じて、腹で決めるの3つで構成されています。**3作法は、それぞれ知力・共感力・胆力と言い換えることもできます。

図　モノの見方 3原則と意思決定 3作法

モノの見方　3原則	意思決定　3作法
1. 多面的	1. 頭で考え（知力）
2. 長期的	2. 心で感じて（共感力）
3. 根源的	3. 腹で決める（胆力）

モノの見方 3原則

モノの見方 3原則は東洋思想に古くから存在する概念であり、特定の人物が定義したという情報に触れたことはありません。日本国内では、思想家の故・安岡正篤氏が様々な書籍で紹介しています。内容は言葉が示す通りですが、物事を捉える際には、多面的・長期的・根源的である必要があり、逆にこの3つの見方がなければ判断を誤ってしまうリスクがあります。

多面的にとらえると、全く異なる事情が見えてくる

同じ問題に向き合っていても、物事をひとつの側面から見るのか、複数の側面で見るのかによって意思決定の方向性は大きく変わってきます。例えば、あなたが企業の育成担当者だったとします。ある日、人事担当の役員から「ＡＩが普及する時代において、自社の育成計画がどうあるべきか考えて提案してほしい」と依頼されました。育成計画について

は複数の可能性が考えられますが、まずは生成ＡＩに聞いてみることにします。

質問：
ＡＩが普及した時代に、自社はどのような育成計画を立てるべきか？　箇条書きで３つに整理して提案してください。

ＡＩからの提案：
ＡＩが普及した時代において、企業が採用する人材育成計画は、テクノロジーの進展に合わせたスキルの習得と、人間特有の能力の強化を重視するべきです。以下に、効果的な育成計画のための３つの提案を箇条書きで整理します。

1. ＡＩとの共働スキルの強化
2. クリエイティビティと人間中心のスキルの促進
3. 倫理的および社会的責任の意識の育成

（ChatGPT4の回答）

皆さんなら、この3つの方向をどのように評価し、そして活用しますか？　ＡＩからの提案はもっともらしい内容ではありますが、これをそのまま採用し役員に提案するのは厳しいでしょう。**この時、「育成」という単一の視点だけをいくら深掘りをしても、組織にとって最適な育成計画を提案するのは難しい**と言えます。また、単一視点だけにこだわって人事担当としての都合を押し付けてしまうと、周囲との関係を悪化させる原因にも繋がりかねません。それでは、実際にどのように考えるべきなのでしょうか？　その解決方法が「多面的にものを見ること」です。

育成計画を考える際には、対象となる社員のスキル・評価制度・採用方針など人的資源

図　AIに問う

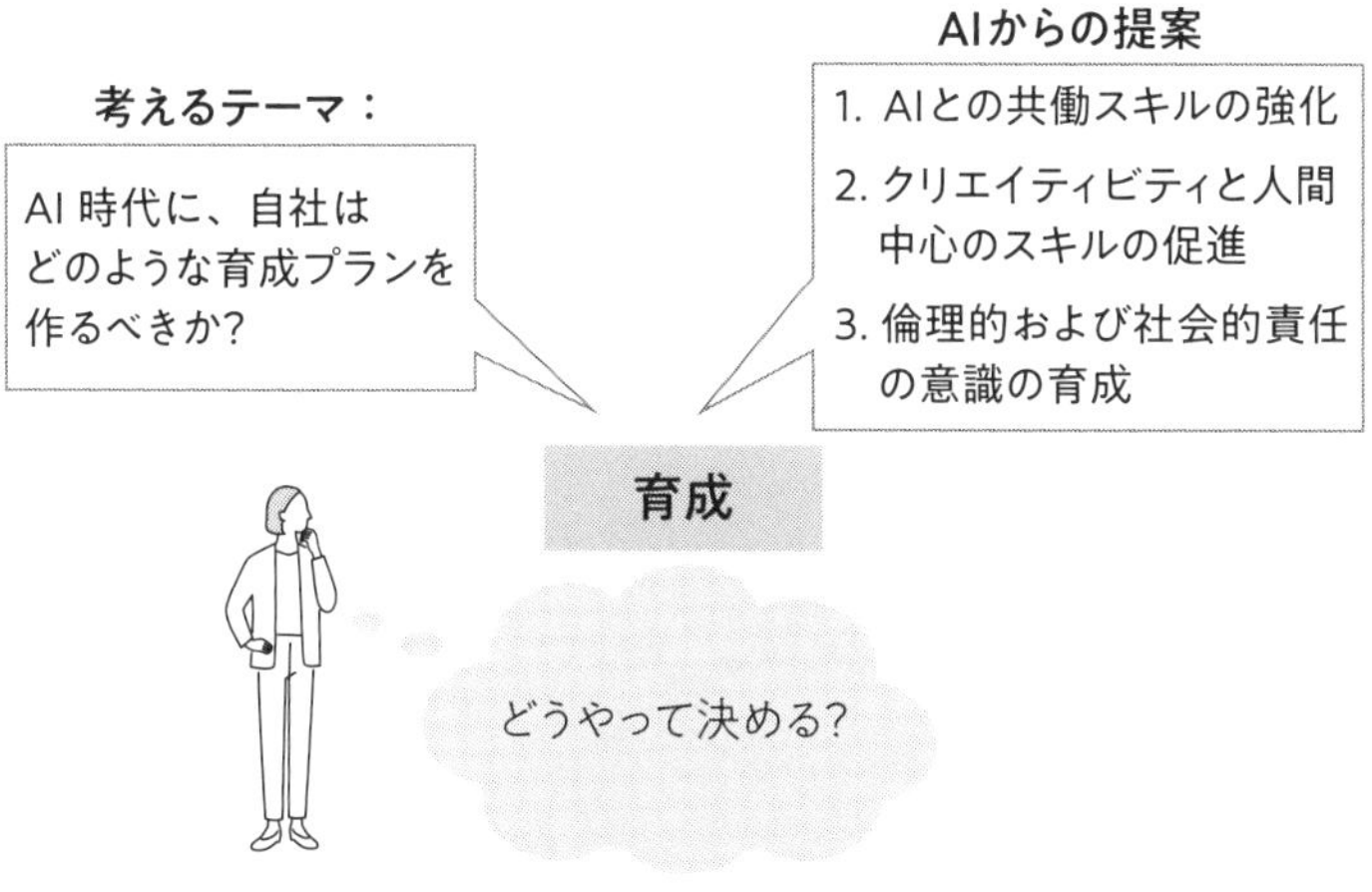
考えるテーマ：
AI 時代に、自社は
どのような育成プランを
作るべきか？
AIからの提案
1. AIとの共働スキルの強化
2. クリエイティビティと人間中心のスキルの促進
3. 倫理的および社会的責任の意識の育成
育成
どうやって決める？

の政策と整合をとる必要があります。いくら育成計画が最先端でも、採用する人材がその要件にマッチしていなかったり、社員が主体的に学んでスキル習得しても評価されない状況では、育成計画も絵に描いた餅になってしまいます。また、そもそも人的資源の政策もそれ単体で成り立つものではなく、その前提となる経営の方針とあわせる必要があります。外部環境が変わっていることを理解していても、自社の戦略としてＡＩやテクノロジー領域にシフトする計画がなければ、人材を育成しても業績に結びけることは困難でしょう。さらに、採用・育成・評価を行う人材が実際にどのような活動をしているのか、どこで課題を抱えているのか、そのような視点を理解した上で現場に役立つ育成計画を提示する必要もあります。その視点を持たずに、人事側の都合で考えた育成計画が現場に受け入れられるはずがありません。まさに、育成を取り巻く周辺の論点を広く捉えた上での判断が必要になるのです。

Ｐ１５５の図は、ひとつの参考として事業活動を取り巻く全体像を表していますが、この図が示すように「育成」は事業活動全体のあくまで一部ということです。

このような多面的な視点を持つことができれば、

「育成計画を考える前提として、自社の経営戦略はどのような方針なのか？」
「検討している育成計画は、採用・評価・報酬制度と整合していそうか？」
「自社の活動、その活動を支えるスタッフのスキルやマインドはどのようになっているのか？」

といったように、育成に直接・間接的に影響する領域での「問い」を設定することも可能になり、より一段踏み込んだ考察、判断が可能になるでしょう。この多面的な視点を身につけるためには、経験を積むことと同時に、各種経営やビジネスに関するフレームワークを学ぶことが効果的だと私は考えます。

図　「育成」を多面的にみる

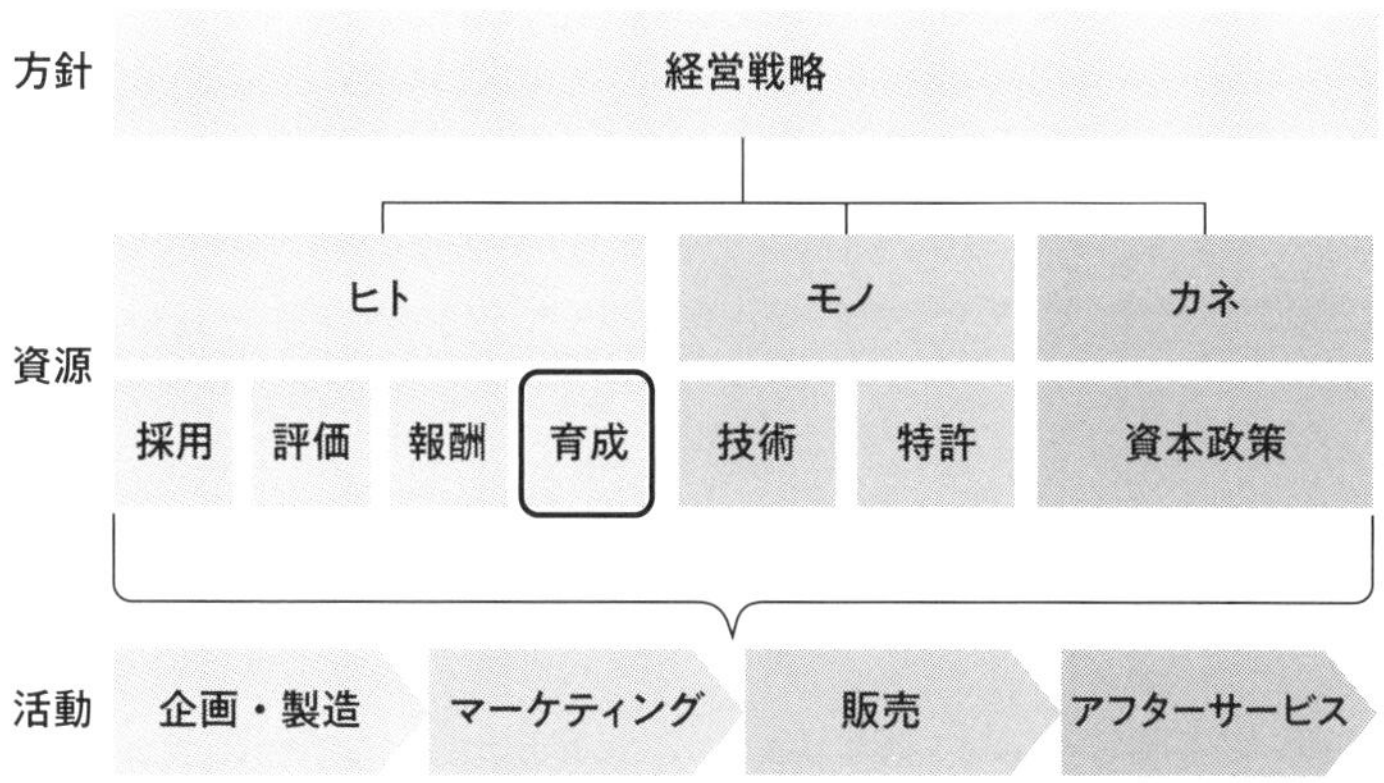

なお、参考までに巻末に「ビジネスの全体像」についての動画を紹介していますので、興味ある方は参照ください。

長期的にモノをみる

次はモノの見方3原則の「長期的」についてみていきたいと思います。この視点のイメージを持ちやすいよう、ビジネスシーンで発生する典型的なジレンマを最初に紹介したいと思います。以下は、私自身が実際に向き合った事例でもあります。

ジレンマ1：
今期の数値を達成するために、多少イレギュラーでも受注をしたい。しかし、納品を行うチームの負担が増えるため反対をされている。

ジレンマ2：
社内オペレーションを効率化させるために、新規システムの導入を進めたい。しかし、導入にあたり日常業務の変更も必要で負担が増えることになり、現場が強く反対をしている。

ジレンマ3：
部下の育成は重要だと考えているが、自分で営業活動をした方が売上を獲得できる。組織にとって、自分で営業した方がよいと思う。

読者の皆さんもお気づきかとは思いますが、これらは、それぞれの立場の人が持っている時間軸の違いによって発生しています。そして、どの時間軸を優先するかによって解は異なってくるでしょう。

1つ目のジレンマでは、短期的な業績を優先させるのであれば、イレギュラーでも案件獲得した方がよいと言えます。一方で、長期的な組織のオペレーションや負担等を踏まえると、このような案件は受注しない方が良いかもしれません。

2つ目も、長期的な業務効率化を最優先にするのであればシステム導入は必須と言えますが、短期的に現場の負担を減少させることが優先であれば、システム導入は見送るという判断になるかもしれません。

3つ目は、皆さんもよく目にするジレンマかもしれません。人材育成をしたからといって、すぐに今期の業績に結びつくとは限りません。そのため、プレイングマネジャーとして営業活動に大半の時間を割いてしまうことになってしまいます。

この、短期的・長期的の優先度については、片方が100でもう一方が0ということは少なく、双方のバランスを鑑みて判断をするというのが現実的なアプローチだと言えると思います。しかし、ここが大切なのですが、**長期視点を〝理解〟した上で短期を優先するのと、長期視点を〝全く意識せず〟に短期を優先するのとでは、その後の行動が大きく異なってくる**ということです。その逆も然りです。

遠き慮《おもんぱか》りなければ、必ず近き憂いあり
（遠い将来のことまで考えずに目先のことばかり考えていると、近いうちに必ず困ったことが起こる）

論語の有名な一節ですが、2000年以上前の教訓ながら、現代にもそのまま応用できる内容ではないでしょうか。なお、「遠慮」の語源はこの「遠くを慮（おもんばか）る」から来ているようです。現代では遠慮という言葉は「控え目」という意味が一般的ですが、本来は将来のことをよく考える、つまり熟考している様子を意味しています。

時間軸の相違によるジレンマで判断に迷った場合、実務的には次の3つを意識することをおすすめします。1つ目は、時間軸の自己認識です。判断に迷う際は、往々にしていずれかの視点に囚われている可能性があります。そのため、あえて**「今、自分は短期・長期のどちらを優先して考えているのか？」**という問いを自分に投げかけてみます。2つ目は、逆の時間軸です。もし自分が短期視点を重視していると気づいた場合には、**「長期視点で考えると、この判断はどのように変わるのか？」**という具合に、あえて逆の時間軸に思考を寄せる問いを設定します。そして、3つ目がもっとも重要なのですが、デメリットの言語化と対策です。短期・長期いずれも100％正しいというケースは稀であり、いずれを優先しても必ずデメリットは存在すると考えられます。そのため、**「仮に長期（or短期）を選択した場合、どのようなデメリットが発生するのか？」**と具体的なデメリットを言語化していきます。その上で、そのデメリットに対する具体的な対策を検討していくのです。

前述のジレンマ1に当てはめて考えてみましょう。

ジレンマ1

今期の数値を達成するために、多少イレギュラーでも受注をしたい。しかし、納品を行うチームの負担が増えるため反対をされている。

最初に、自分は営業マネジャーとして、短期業績を優先しようとしていると自己認識します。次に、今回の受注案件がどのような影

図　ジレンマ

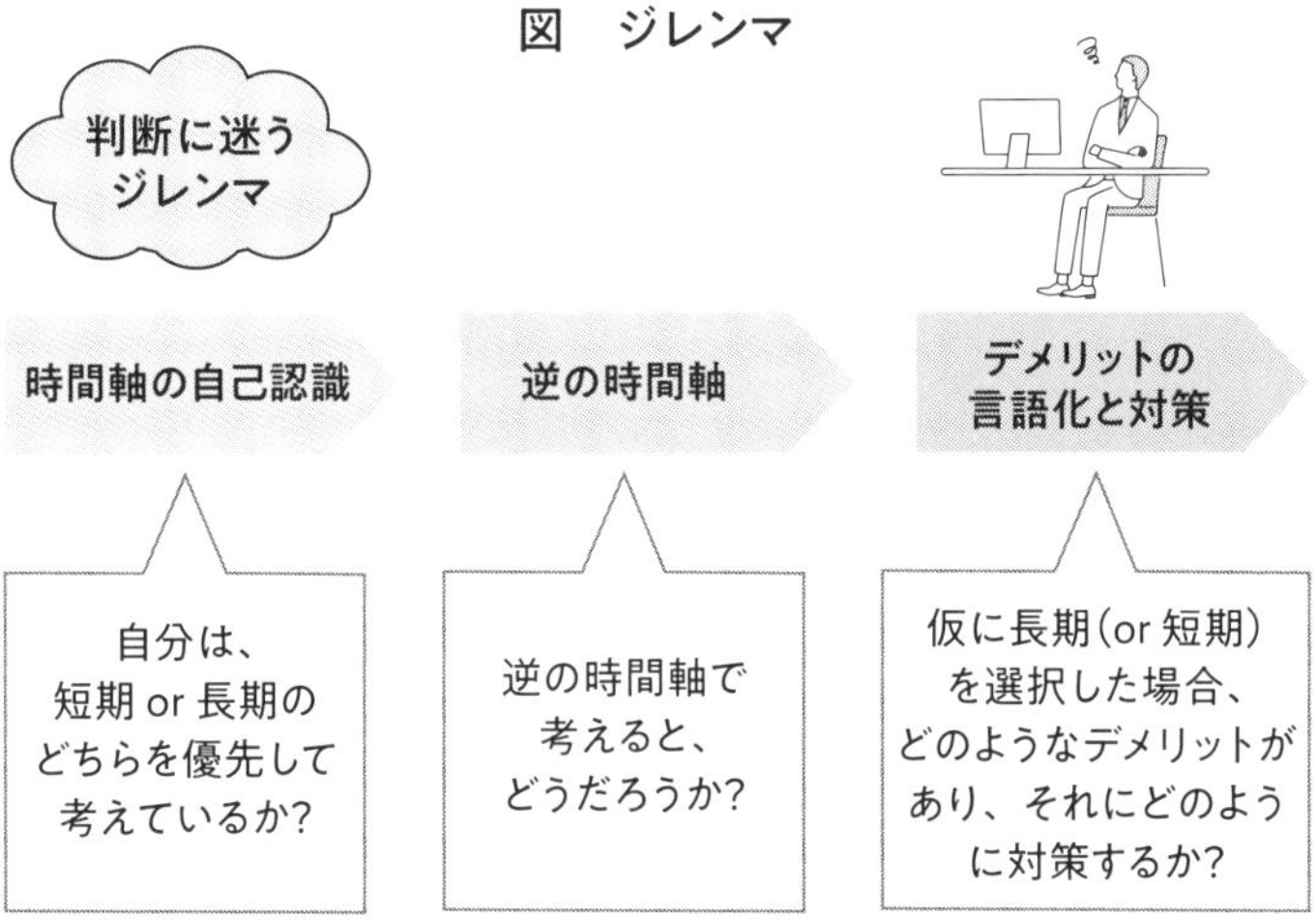
判断に迷う
ジレンマ
時間軸の自己認識
逆の時間軸
デメリットの
言語化と対策
自分は、
短期 or 長期の
どちらを優先して
考えているか?
逆の時間軸で
考えると、
どうだろうか?
仮に長期(or 短期)
を選択した場合、
どのようなデメリットが
あり、それにどのよう
に対策するか?

響を及ぼすかを長期視点に立って検討してみます。今回の受注により長期的に案件が拡大するというメリットもあります。逆に、デメリットはどうでしょうか？　イレギュラーでの受注になるため、納品チームの皆さんに負担が発生する。具体的には、システム処理ではなく手作業が継続的に発生することになる。これは、長期的なコストであるだけではなく、担当いただく方の心理的な負担にもなりそうです。対策として、今期はお客様の要望を受け入れてイレギュラーでの対応をするが、翌年から正常オペレーションに戻せるようにお客様に交渉してみるという選択もありでしょう。難しい場合は、営業チーム側のスタッフで一部作業を支援することを検討してみるという手もあります。

このような検討を経て、納品チームのマネジャーとも十分に協議した上で受注できれば、少なくとも組織として間違った判断にはならないでしょう。この3つのステップは、私も実務で意識して実践しています。シンプルですが、非常に効果的なので、ぜひ活用してみてください。

根源的にモノをみる

次に、モノの見方 3原則の「根源的」についてみていきたいと思います。判断に迷ったり、意見が分かれてジレンマに陥った際に、判断や議論の前提となる目的や狙いに立ち返ることで、意思決定がスムーズに進みます。

先ほどの、役員から人材育成を依頼されたケースをみてみます。役員からの依頼は、「AIが普及する時代において、自社の育成計画がどうあるべきか考えて提案してほしい」という内容でした。これまでみてきたように、多面的そして長期的な視点を持って検討を進めていくことはもちろん効果的ですが、**大切なのは「役員がなぜ、このタイミングで育成計画の依頼をしてきているのか？」ということではないでしょうか。**依頼の背景には、役員の問題意識があるはずです。この問題意識やそもそもの目的を明確にしない中で検討に着手しても、良いプランを作成することは難しいと言えるでしょう。状況によっては、依頼している役員自身が、その問題意識や目的を正しく言語化できていないケースも存在します。役員会議で社長から指摘があった、他業界の役員との会話の中でAI時代の育成について盛り上がったなど、きっかけは様々あると思いますが、少なくとも依頼の根源的な意味を合意せずに作業着手すると、せっかくの時間を無駄に使ってしまうリスクがあります。

もうひとつ、よくあるケースを挙げてみたいと思います。

商品企画担当が作ろうとしている新サービスに対して、営業チームが納得せず反対を唱えている。

このようなシーンは、私も過去に何度も経験しましたし、皆さんの組織でもある話かもしれません。商品企画の担当者は、「自社の重点戦略に沿った企画であり、競合他社がリリース前に積極的に販売してほしい」と考えています。一方、営業担当者は「売れるかどうかも分からないサービスを提案するよりも、実績もあり、売れる可能性の高い商品を販売したい」と考えています。双方の考え方は、いずれも正しいと言えるでしょう。しかし、主張をぶつけ合うだけでは、物事を前に進めることはできません。

では、このような時に何をどのように考えて、判断をしていくべきなのでしょうか？

双方の意見を主張し合うだけでは前向きな判断は難しく、仮にどちらかの主張が通ったとしても後に〝しこり〟が残るおそれもあります。例えば**「そもそも、私たちの顧客は誰で、その顧客はどのようなニーズを持っているのか？」という具合に、チームが連携した先にいる顧客の存在に目を向ける**ことで、共通の目的に向けて議論を進めることが可能になります。そもそも、商品企画も営業も顧客に価値を届けるための機能と言えます。

サブスクリプションのうっかり更新に返金をするべきか

最後に、根源的なモノの見方を通じて判断

図　根源的にモノをみる

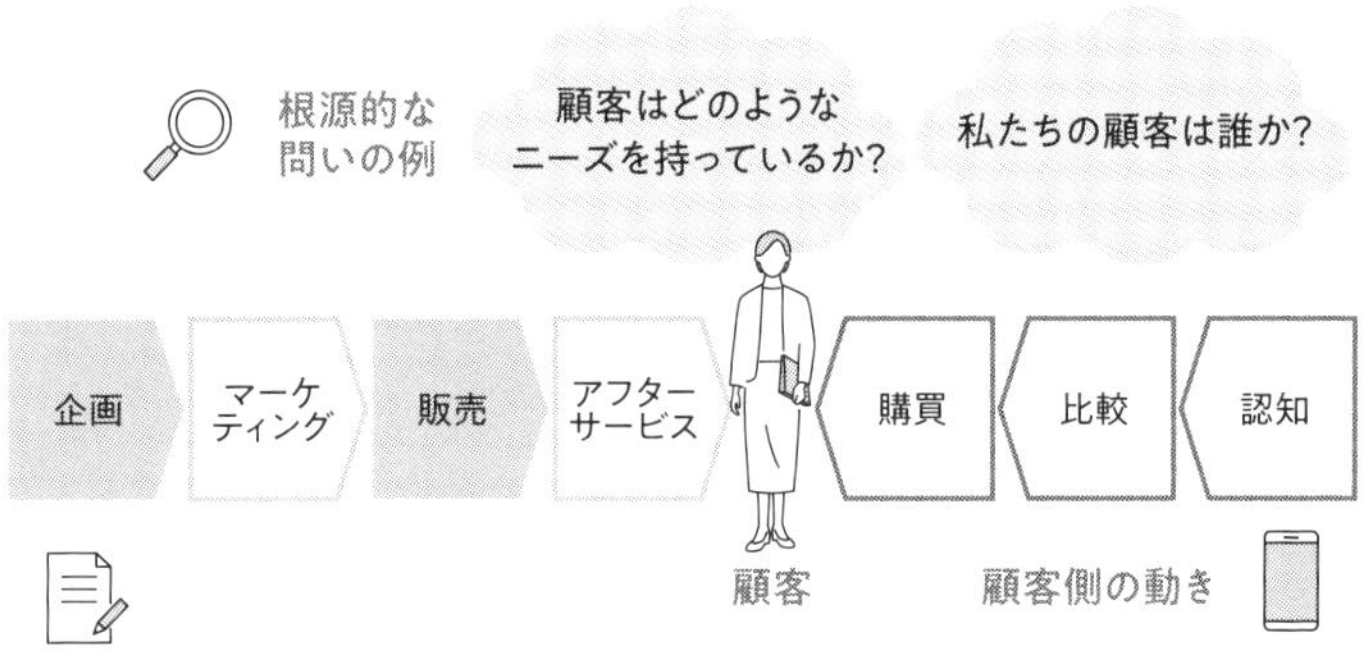

を進めた、私自身の体験を紹介させてください。「GLOBIS 学び放題」という動画学習サービスのリーダーを担当していることは、これまでに何度か紹介してきました。このサービスには法人向け・個人向けの2つがありますが、個人向けのサービスでは、いわゆるサブスクリプション型（継続課金モデル）の課金形式になっています。サービスの提供を開始して間もなく、あるユーザーさんから「利用終了時にうっかり契約停止するのを忘れてしまった。利用する意図はないのに支払いが発生している。料金を返金してほしい」という問い合わせをいただきました。

当時のメンバーと対応方法について議論を重ねる中で、「ユーザーさんは契約開始前に、自動更新の条件に同意している」、「契約更新前に、案内もメールでお送りしている」などの理由から、返金には応じず支払いをいただくべきという考えがありました。一方で、更新意図がないユーザーさんからお金をいただくことは、本当に事業として正しいのかという意見もありました。さらに議論を重ねる中で、他社のサブスクリプションも同様に返金はしてない、返金することは売上を減少させることになる、といった意見もあり、どちらかといえば返金対応しない流れに傾きつつありました。

言葉にできない違和感があった私はこの時、**「そもそも、サブスクリプション型の課金形式にしているのはなぜか？」**という根源的な問いを立てて、議論を継続することにしました。この議論すら無駄ではないか、という意見も最初はありましたが、この考えが整理されない限り判断はできないと思い議論を続けました。何度か議論を重ねる中で、私たちは以下のようにサブスクリプションの目的を言語化しました。それは、

「ユーザーの継続利用時の手続きの負担を下げるため」

です。更新タイミングで毎回課金手続きをするのはユーザーさんにとって面倒、だから利用意向がある場合には自動で契約を更新させていただくということです。間違っても、サービス側の売上を向上させることや収益を安定的に確保するためではありません。私もプライベートで何度か、継続課金モデルのサービスで全く意図しない形で長期間課金され続け、とても嫌な気持ちになったことがありました（うっかりしていた自分の責任であると頭では分かっていても、利用していないのに支払いが発生することにモヤモヤが残るイメージです）。

この目的に沿って考えると、「継続利用の意思がないユーザーからお金をいただくことは、趣旨に反する」となります。そのため、まず私たちが努力するべきは、契約開始のタイミングで自動更新であることを正しく伝えることであり、更新前にメール等で意思を確認する連絡を差し上げ、うっかり更新を可能な限りゼロにすることであると決めました。

それでも通知を見逃したり、うっかり更新をしてしまったユーザーに対しても、いくつかの条件を満たしている場合には返金するように決めました。同時に、返金の発生件数を可視化して、件数を減少できるようにユーザーへのコミュニケーションを改善し続けました。現在では、かなり少なく抑えられています。この判断をした当時は社内から疑問の声も上がりましたが、その後の運用状況やユーザーさんとのコミュニケーションを見る限り、正しい判断だったのではないかと思っています。このような結論を導き出せたのも、根源的なモノの見方をしたからだと思います。

意思決定　3作法

ここまで、決める力を高めるための「モノの見方　3原則」をみてきました。多面的、長期的、根源的に物事を見れるようになると、対立している物事や抱えている悩みに対して、異なるアプローチを取れるようになります。次は、実際に決める際の作法として、意思決定3作法の内容について詳しく紹介していきたいと思います。

前述の通り、次の3つが意思決定の3作法です。

1. 自分の頭で考えて意思決定する（知力）
2. 心で感じて意思決定する（共感力）
3. 腹で決めて意思決定する（胆力）

それぞれについて詳しくみていきましょう。

1．自分の頭で考えて意思決定する（知力）

事業リーダーとして、事業方針を決めることに恐怖を覚えた私のエピソードは、章の冒頭で紹介した通りです。〝自分の頭で考える〟というのは、まさに言うは易し行うは難しです。とくに、これまで他人が決めた道筋に沿って時間を過ごしてきた人は、無意識に「正解は外から与えられるもの」と考えてしまいがちです。そもそも、意思決定における「考える」とは一体、どのような意味なのでしょうか？　「考える」とは「悩む」と異なり、目的に沿って正しい思考プロセスを行うことだと私は定義しています。逆に「悩む」とは、考えがまとまらず、目的に向かわない形で思考が混乱している状態であると言えます。私

図　自分の頭で考えて意思決定する

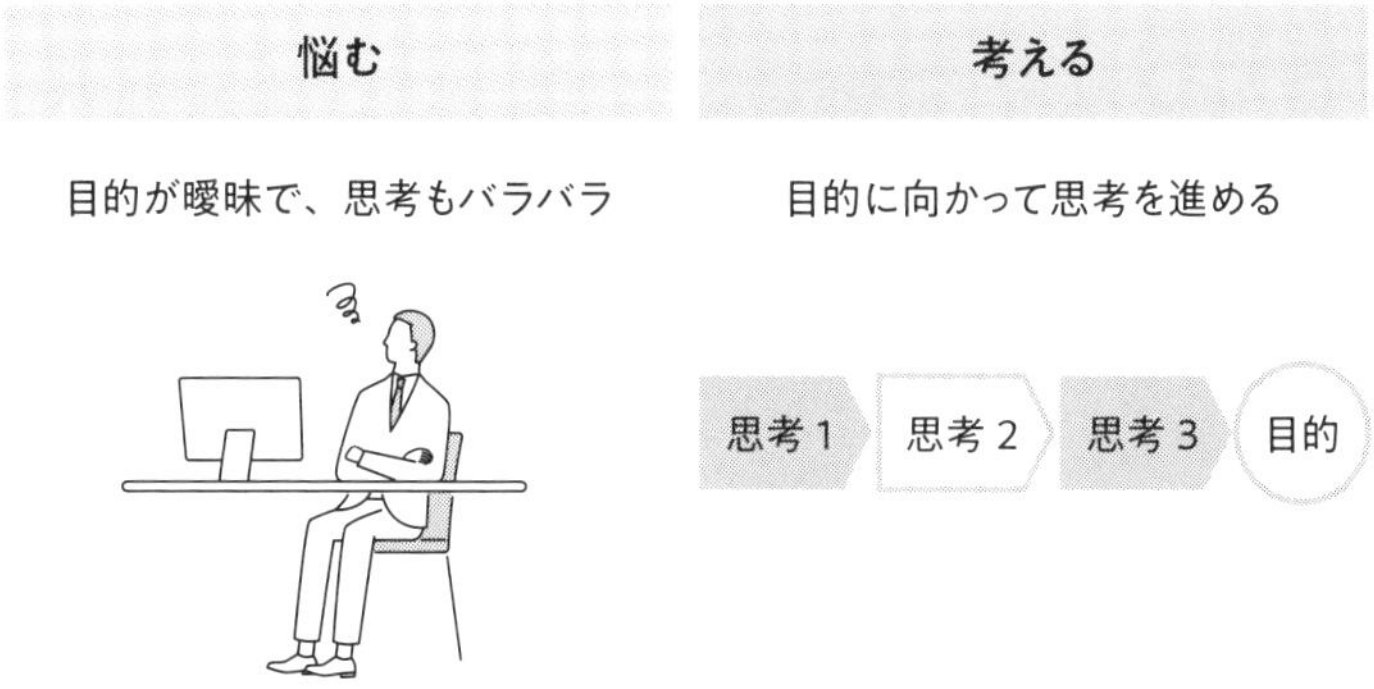

も、悩んでいることが、考えていることだと勘違いしていた時期がありました。

前章で紹介した「問題解決の4つのステップ」は、まさに問題解決という目的に沿った、適切な思考プロセスと言えます。意思決定における適切な思考プロセスとして、私が意識しているプロセスを紹介します。それは、「目的を言語化する」、「多面的・長期的・根源的に情報を集める」、「情報を解釈する」、「目的に沿って決定する」の4つのステップからなります。

1つ目の「目的を言語化する」は、イマ・ココで何を決めるべきかを言語化することであり、前章で紹介した「イシュー」を設定す

図　意思決定の思考プロセス例 4つのステップ

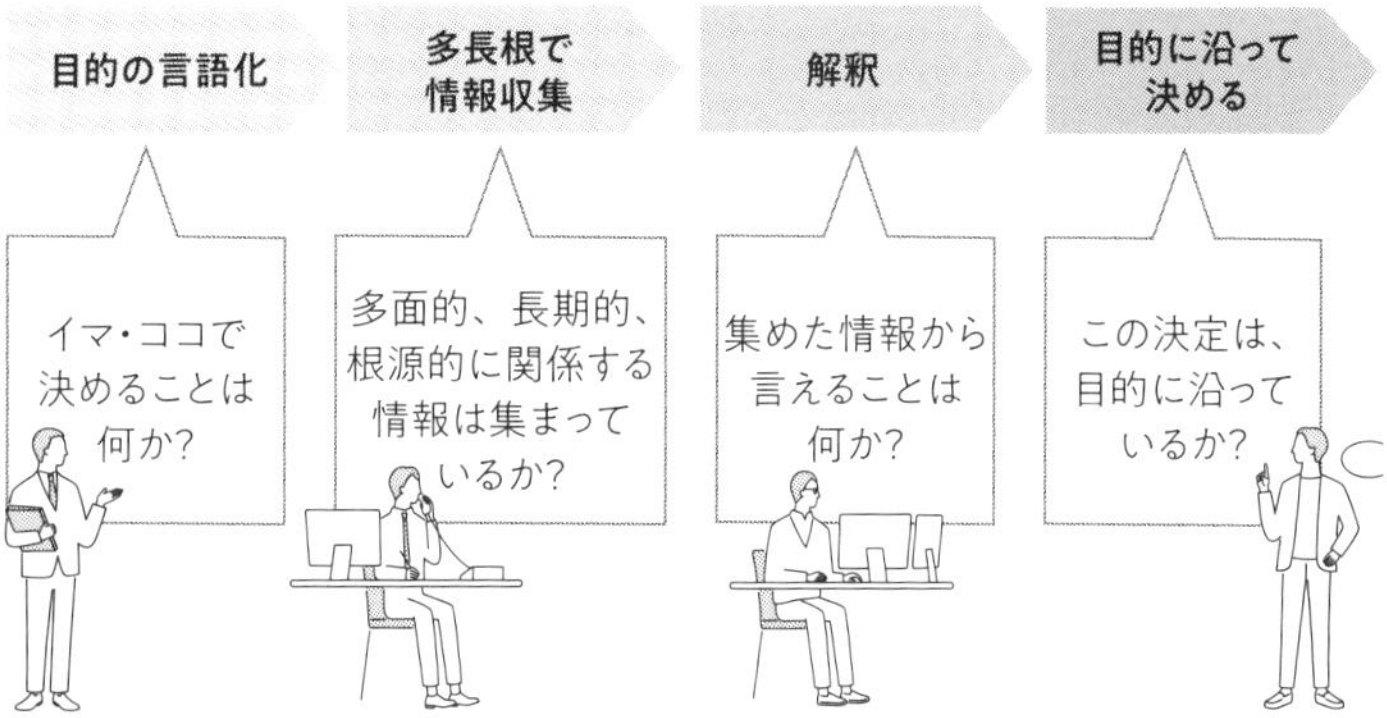

目的の言語化
多長根で情報収集
解釈
目的に沿って決める
イマ・ココで決めることは何か?
多面的、長期的、根源的に関係する情報は集まっているか?
集めた情報から言えることは何か?
この決定は、目的に沿っているか?

る」と同じ意味です。自分ひとりでできる簡単な意思決定の場合はそこまで強く意識する必要はありませんが、組織を横断して複数人で意思決定する場合などには、決めるべきことが曖昧なまま議論が進むことがあります。散々議論した末に、結局、なんのために議論していたんだっけ？　となってしまうことは、私も経験があります。

2つ目の「多面的・長期的・根源的に情報を集める」は、モノの見方3原則の視点を持って、関連する情報を集める動きです。偏った情報からは、偏った意見しか生まれてきません。自分が持っている情報は限られている、という自己認識を前提に持って向き合うことが大切と言えるでしょう。とくに組織内の役割や立場というのは、モノの見方を固定化してしまう傾向があります。営業部門に所属する人は、営業部門の目線で物事を捉えてしまいます。だからこそ、あえて異なる部門の目線から物事をとらえるように意識するとよいでしょう。なお、情報収集をどこまで時間をかけて行うか、という点も常に頭を悩ます問題です。現実的には、完全に情報を集めるのは難しいと言えます。ここは、後ほど「腹で決める（胆力）」の部分でも詳しく触れていきたいと思います。

3つ目の「解釈」には、集めた情報から何が言えるのか？　を考える動きです。同じ情報を目にしているはずなのに、そこから意味のある情報を引き出すことが得意な人が皆さんの周りにもいると思います。まさに「解釈力」が関係していると言えます。解釈について理解しやすいように、ひとつの例を挙げてみましょう。

休日に外出をしようとして空を見上げたら、灰色の雲に覆われていました。また、家の前の通行人をみたら多くの人が傘を持っていました。そのため、自分も傘を持って外出しました。

ここでどのような解釈が行われているか、確認していきます。空が灰色の雲に覆われているという事実から、雨が降る可能性が高い

図　演繹的思考法と帰納的思考法

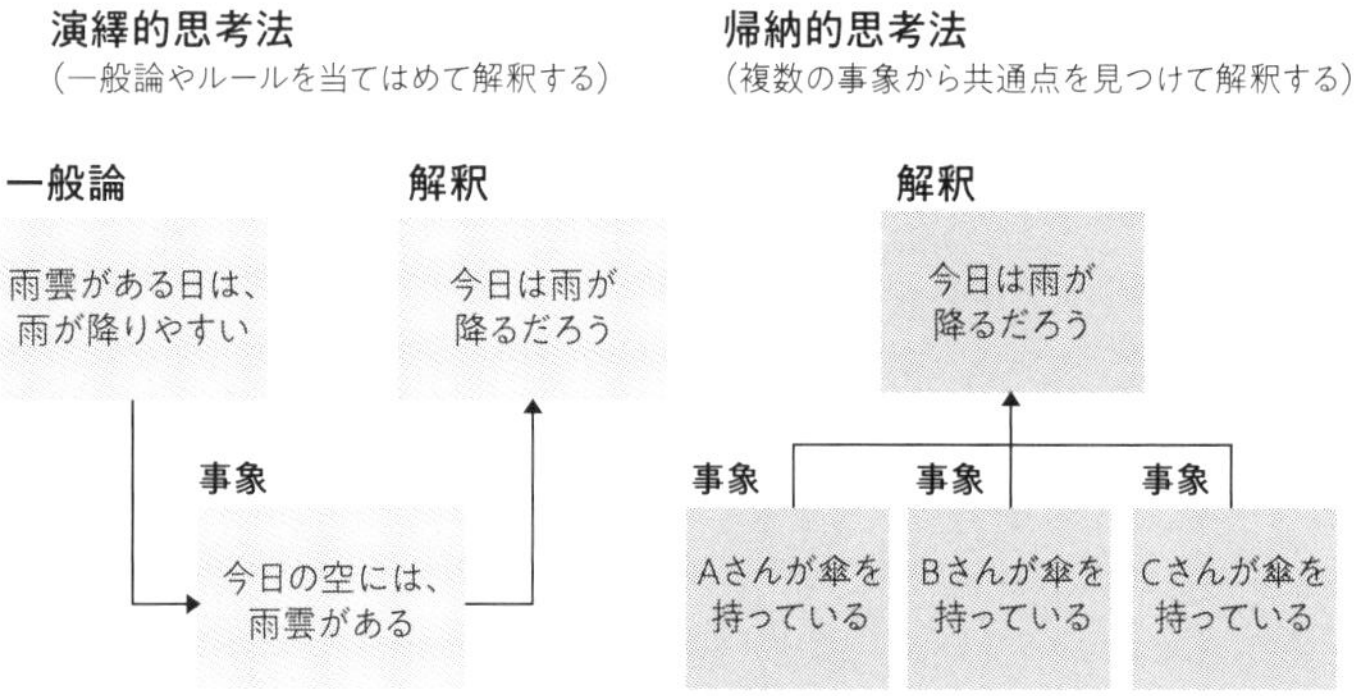

演繹的思考法
（一般論やルールを当てはめて解釈する）
一般論
雨雲がある日は、雨が降りやすい
事象
今日の空には、雨雲がある
解釈
今日は雨が降るだろう
帰納的思考法
（複数の事象から共通点を見つけて解釈する）
解釈
今日は雨が降るだろう
事象
Aさんが傘を持っている
事象
Bさんが傘を持っている
事象
Cさんが傘を持っている

と解釈しています。これは、これまでの経験則や一般常識的に灰色の雲＝雨雲＝雨が降る可能性が高い、と解釈していることになります。このように、**一般常識やルールを踏まえて判断する解釈の方法を「演繹的思考法」と呼びます。**さらに、多くの通行人が傘を持っているという事象もあわせて、雨が降るだろうと解釈しています。このように**複数の事象から共通点を導き出して解釈する方法を「帰納的思考法」と呼びます。**

このような思考方法を参考にしながら、集めた情報を踏まえて「ここから何が言えるのか？」と自分に問いかけていきます。なお、一度導き出した解釈でも、新しい情報を加えたり、当てはめる一般常識を変更すると、結論が変わっていきます。とくに、自分が一般常識だと思っていたことが実は常識ではないということもあるので、注意が必要です。「この一般論を今回のケースに当てはめることは本当に適切なのか？」といった批判的な問いをすることが回避策として考えられます。

意思決定のステップ4つ目は、「目的に沿って決める」です。ここでは、最終的に意思決定する際に、当初設定した目的に沿っているかを再確認します。意思決定のプロセスでは、情報を収集し、解釈し、改めて情報を集めて再度解釈するという具合に、検討そのものが長期化することが発生します。また、複数のメンバーと一緒に検討していく中で、様々な論点が出されてそもそもの目的からズレた状態で意思決定がなされるリスクがあります。そのような状態を防ぐためにも、「今回の意思決定は、当初の目的に沿っているか？」を再度確認することをおすすめします。

2. 心で感じて意思決定する（共感力）

論理的で頭の回転が早く、鋭い意見を率直に伝える人材。どの組織にもそのような優秀と評価される人材はいるものです。しかし、そのような人材の意見が周囲の賛同を得られず、論理的には正しいと思われる考えが採用されないというシーンに出くわすことがあります。私もこれまでの長い社会人生活の中で、そのような人材に数名出会ったことがあります。プレゼンテーションが素晴らしく、質疑応答も完璧にこなすのに、なぜか営業成績が低い営業スタッフや、社内の企画会議などで鋭い視点で意見を述べるが微妙な空気が流れて、その意見を発展させられないスタッフなど、様々な場面で目にしてきました。ビジネスの現場で行われる意思決定の多くは、周囲に影響を与え、決定後のアクションには周囲の協力が欠かせません。3作法のひとつとして説明したように「自分の頭で考えて」判断を下そうとしても、それが独りよがりの考えだと、周囲の共感を得ることはできません。

では、どうしたらよいのでしょうか？

その解決策のひとつが「心で感じて意思決定する」という作法です。表現を変えれば「共感」を持って判断するということです。誰に対して共感するかと言えば、意思決定により影響を受ける関係者に対してです。本書で繰り返し触れてきましたが、ビジネスというのは関連する人・組織との繋がりで成り立っています。自分ひとりの役割だとしても、それが独立して周囲と全く影響しないことは稀だと言えます。そのため、**心で感じて決断する最初のステップとして、「今回の意思決定によって影響を受ける人は誰か？」という問いを設定し、少し多めに関係者を洗い出す**ことをおすすめします。

「共感」は学問的にはいろいろな定義があるようですが、ここでは「相手と同じ感情になること」としたいと思います。立場や経験が異なる人と、感情を共有するのは意外と難しいことですし、100％共感することは不可能でしょう。しかし、少しでも近づくように努力することは可能です。私が普段意識していることをいくつか紹介したいと思います。

1つ目は、「もし自分が相手の立場だったとしたら、この判断をどう感じるだろうか？」と自問することです。この問いがきっかけとなり、相手の置かれている立場や判断による影響を考え始めることになります。

2つ目の方法は、相手と同じ行動をすることです。私の友人に、数々の優れたデザインを生み出しているデザイナーがいます。ある時、どのようにしてターゲットに響くデザインや表現を考えているのかを聞く機会がありました。彼は、デザインを届ける相手を理解するために、徹底的にその行動を観察し、対象になり切ると言っていました。例えば、女子高生を対象にした化粧品（マスカラやネイル）のデザインを考えた際には、自分もしばらくの期間マスカラやネイルをつけて生活をしていたというのです。私自身は、さすがにそこまでなり切ることはできていませんが、例えば、お客様の都合でどうしてもイレギュ

図　自分の意思決定により影響を受ける関係者

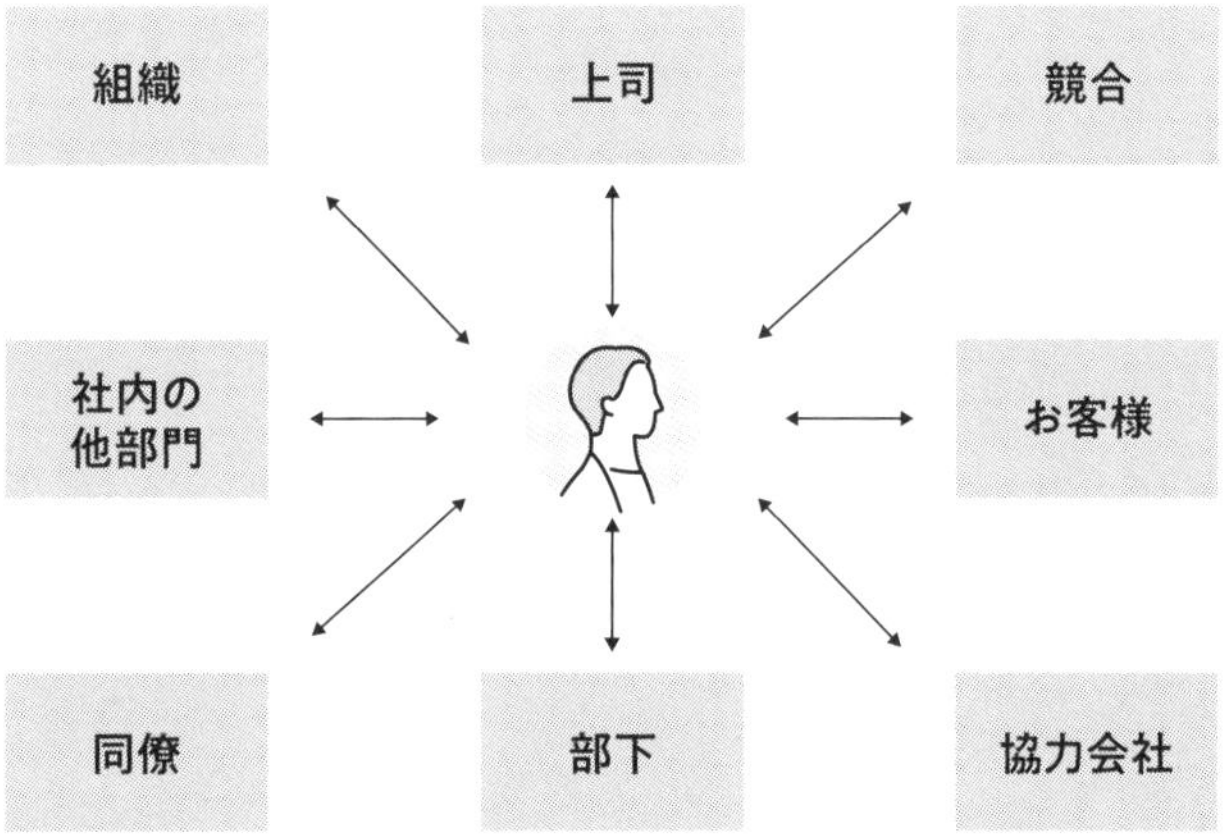

ラーな対応を受け入れる必要がある場合には、影響を受ける可能性の高いオペレーションスタッフの業務を理解するようにしています。場合によっては、実際にどのように作業しているかを見せてもらい、自分も一緒に作業してみるということもあります。頭で理解していることと、作業して気づくことには大きな違いがあるのは、当然のことです。

共感のために意識していることの**3つ目は、直接ヒアリングするという方法**です。とくに重要な判断やその後の影響が大きい場合には、「もしこの判断をしたら、あなたはどう感じますか？」と、ストレートに聞いてしまうのもひとつの手です。しかし、相手との信頼関係が築かれていないと本音を引き出すことは難しいので、注意も必要です。

「影響を受ける関係者を洗い出し、その人たちの気持ちを推しはかると、逆に決められないのではないか？」と不安に感じる方もいると思います。確かに、自分ひとりで考えて決めることも難しいのに、さらに相手の感情という条件が加わるので、判断の難易度が上がってしまう側面はあるでしょう。しかし、関係者の気持ちを全く理解しようとしない判断と、関係者の気持ちを理解した上での判断とでは、それを受け取る相手の気持ちやその後の協力関係は全く異なってきます。例えば、イレギュラー案件を受け入れることで、オペレーション作業の負担が増えることを理解していれば、現場スタッフの負担を減らすためのリソース追加を検討したり、イレギュラー受け入れの期間を限定するように顧客に交渉することもできます。結果として、その対処が実現しなかったとしても、それらの理解や行動が事前にあるかどうかで、現場スタッフの協力姿勢は大きく違ってくると思います。

3. 腹で決めて意思決定する

自分の頭で徹底的に考え、相手に共感したとして、それでもやはり判断に迷うことはあります。その時にもっともやってはいけないことは、安易な多数決に流されることです。皆の意見をよく聞くということと、多数決とは似て非なるものです。

意思決定は衆議独裁であった方がよい

私自身が、意思決定に対して大切にしている考えのひとつに「衆議独裁」があります。「衆議」は、皆で議論を尽くすという意味であり、「独裁」は、独りが決めるという意味です。組織内の意思決定であればあるほど、周囲のメンバーの考えに耳を傾けて議論することは大切なことです。なぜなら、自分ひとりが持っている情報には限りがあり、見落としのリスクもあるためです。三人寄れば文殊の知恵という言葉がありますが、まさに、ひとりよりも二人、三人の知恵を出し合うことが大切です。しかし、決定に際しては、決める立場の人がひとりで決めることが望ましいと考えます。皆で話し合って皆で決めた、という状態は聞こえはよいですが、「誰も責任を持っていない状態」とも言えるでしょう。この話をすると、「それでは、全ての判断をリーダーが行うのか」と質問をいただくことがありますが、それは違います。現場作業の方針を決めるのは現場スタッフ、チームの方針を決めるのはチーム長、部門の方針を決めるのは部門長、そして会社の戦略や理念を決めるのは社長という具合に、しかるべき人が決めるということが重要であると考えます。人は、自分で決めたことには責任感が生まれモチベーションも向上するものです。自分で決めて、自分が実行責任を持つからこそ、しっかり考えて判断しようとします。現場の細かいことまで、リーダーに判断を仰いで決めてもらっていたら、変化の早い環境に対応していくことは難しくなってくるでしょう。

そして現在リーダーの立場にある方は、部下から相談された内容に対して「これは、リーダーの自分が決めるべきことなのか？」と問いを立てることをおすすめします。部下の考えに不足している点があれば、それを指摘したりアドバイスすることはもちろん必要なことです。しかし、その内容が部下自身に実行責任が伴う場合には、極力判断を委ねる方が賢明です。私は現在、従事するスタッフが150名を超える事業のリーダーを務めていますが、事業の大きな方針は示しつつも、それぞれのチーム方針は極力現場に任せるようにしています。当然、各リーダーとの擦り合わせは行いますが、その内容が事業方針に沿っていること、決定的なリスクがないことの2点を満たす場合には任せるようにしています。

ちなみに、皆で議論して皆で決めることを「衆議衆裁」といいます。そして、議論をせずにひとりで決めることを「無議独裁」と呼びます。前者は責任者が不明、コミットメントが弱くなるというデメリットがあります。後者はひとりで決めるため、視野狭窄となりリスクがあると言えます。一方で、例えば緊急事態で議論している時間もない場合などは、「無議独裁」が適していることもあります。チームの懇親会会場を決める時などは、多数決つまり「衆議衆裁」を適用することもあります。適切に使い分けられるとよいでしょう。

不確実性に向き合うために、胆力が必要

ビジネスで行われる意思決定は、どこまで突き詰めて考えても「やってみないと分から

ない」と言うほかない領域があります。加えて、意思決定にかけられる時間的制約もあり、不十分な情報しかない中でも決める必要に迫られることが多々あります。だからこそ、「早く行動し早く失敗する。失敗から学び軌道修正をし続ける」というマインドセットが求められます。正解を求める正解主義ではなく、行動による気付きを素早く取得する実験主義が必要です。しかし、失敗する可能性を抱えながら判断するのは、誰しも怖いことです。さらに状況によっては、結果が出るまでの間、周囲から批判されることもあるでしょう。**結果が見えるまでの恐怖や批判に耐える力として、「胆力」が必要なのです。腹で決める、つまり論理や共感に加えて、自分自身の信念を持って決めて行動し続ける力が必要です。**では、どのようにすれば信念を持つことができるのでしょうか。

グロービス代表の堀義人はよく、「信念とは知の極みである」と述べています。その意味は、「考えて考えて考え尽くせば、やがてそれが信念となる」ということです。自分が知りたいと思ったことを、調べ尽くして、考えて、周囲に相談して批判されて、それでも繰り返し考え続ける。それを長期的に続けた結果として、揺るがない精神的な土台が形成されていくのです。その境地にまで達した人は、もうひとつの特徴を得ると私は感じています。それは、「知を極めると、謙虚になる」ということです。誰よりも考え尽くしたからこそ、自分の無知を理解し、知識に対して謙虚になる。素人の純粋な指摘にも、真摯に耳を傾けるようになるのです。なぜなら、その中に自分の知らない情報やヒントが含まれている可能性があるからです。そのような人には、自然と周囲が情報を提供し協力してくれるようにもなっていきます。

ここまで、ＡＩ時代に求められる「決める力」を身につける方法論をみてきました。日常的に、自分がかかわる事業の情報を多面的・長期的・根源的な視点で収集し、考える癖をつける。そして、実際に決める際には、知力・共感力・胆力のバランスを意識するということを解説してきました。本書を手に取ってくださっている皆さんの決断において、少しでも参考にしていただけると幸いに思います。

第5章

「リーダーシップ」を磨く

図　AFTER AI時代の「リーダーシップ」

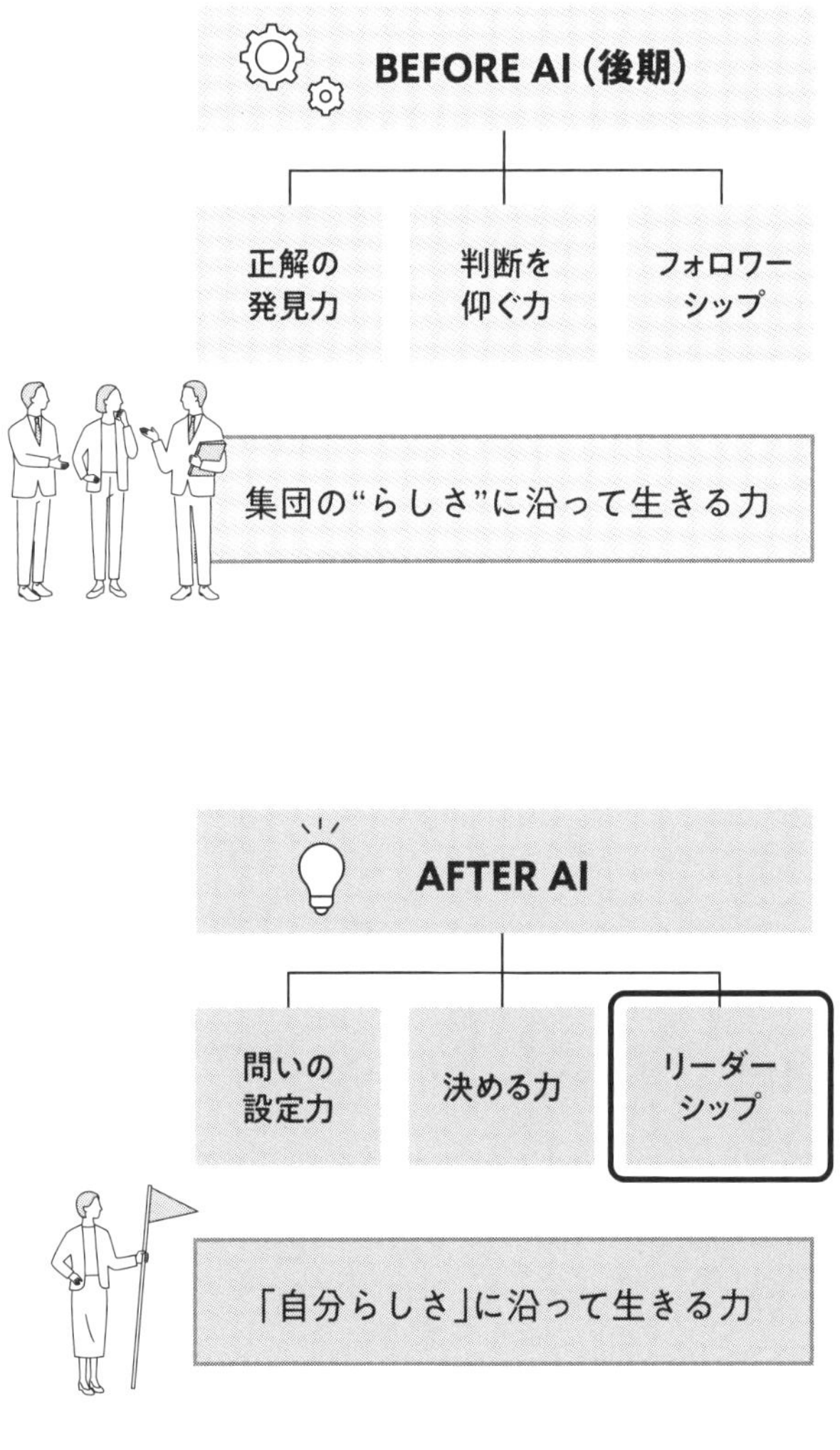

第5章では、AFTER AI時代に求められる3つ目の能力である「リーダーシップ」について詳しくみていきたいと思います。

第1章で触れましたが、これまでは、経営トップやマネジメント層以外の多くの社会人には、組織の指示に従いリーダーを支援する「フォロワーシップ」がとくに重要視されてきました。現在もこの側面は引き続き重要ではありますが、以下2つの背景から、マネジメント層以外の全ての社会人にも「リーダーシップ」が求められてくると言えます。その背景とは以下の2つです。

1. 変化スピードの速い組織では、一握りのリーダーだけが方針を示すのではなく、現場に近いスタッフが状況判断し方針を示し、周囲を動かすことが期待されるから。

⇓組織視点

2. 生成AIがいかに論理的に正しい結論を出したとしても、人は完全にそれに従いたいと思えず、結局は魅力あるリーダーの言葉に共感し行動を起こすと考えられるから。

⇓影響力の視点

以降、これら2つの背景を詳しくみていきたいと思います。

全員が意思を持つ組織へのパラダイムシフト

30代の頃、米国ワシントンＤＣで開催された、ＡＴＤという世界最大規模の人材育成のカンファレンスに参加しました。冒頭のキーノートスピーチで、元米国海兵隊隊員でリーダー経験を持つ方が組織論をテーマに話をしていた内容が、非常に興味深いものでした。

スピーチの冒頭、講演者は「皆さん、米国の海兵隊の組織形態はどのようなイメージですか？　規律を重視したトップダウン型と思われるかもしれませんが、現在は全く異なります」と話し始めました。軍隊では上官命令が絶対で、強いトップダウン型だと思っていた私にとって意外な内容でした。講演者は続けます。「では、現在はどのような組織形態なのでしょうか？　それは、自律分散型の組織です。現場の小規模チームに大きな権限を委譲し、中央は物資や情報面でサポートする役割になっています」なぜ、現場に権限を委譲する自律分散型の組織なのかと疑問に思っていたところ、その講演者はさらに続けました。「理由は、戦う相手が変わったから。以前は国家が戦う相手でしたが、現在はテロが相手です。テロはいつ、どこで、どのような攻撃を仕掛けてくるか分かりません。そのような中で都度判断を中央に求めていたら、あっという間に負けてしまう」ということでした。なるほど、と感心していたところ、最後に講演者が述べました。「この変化は海兵隊だけではなく、企業も同じではないでしょうか。向き合う市場や顧客がどのように変化するか分からない。全く想像もつかないプレイヤーが競合として台頭してくる。だからこそ、組織運営においても市場をもっとも理解している現場にリーダーシップを委ねるべく、

図　組織のパラダイムシフト

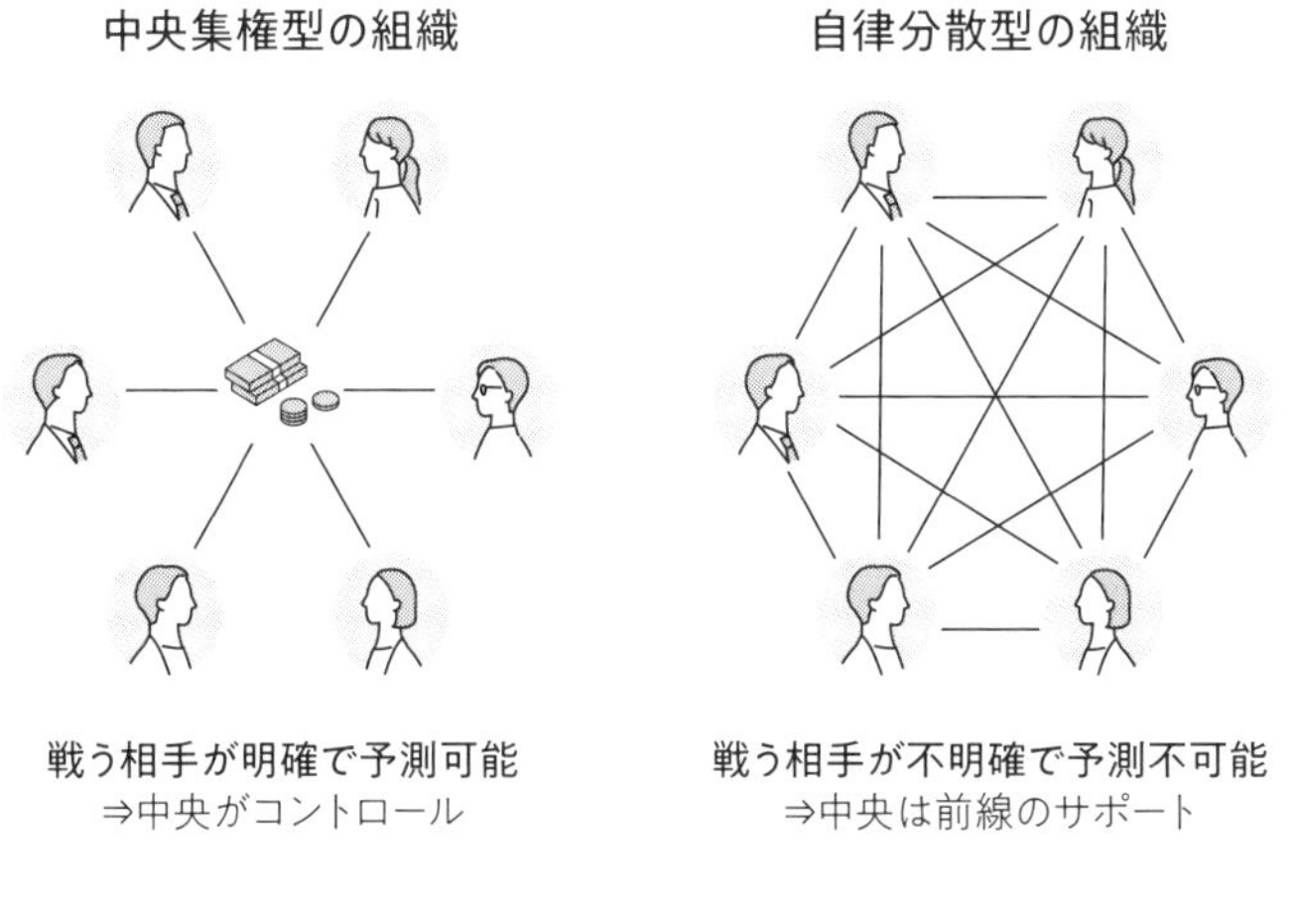
中央集権型の組織
自律分散型の組織
戦う相手が明確で予測可能
⇒中央がコントロール
戦う相手が不明確で予測不可能
⇒中央は前線のサポート

自律分散型になっていく必要があるのではないでしょうか」

海兵隊と企業という全く異なる存在ですが、外部環境変化を通して組織のあり方が変化していくという主張に妙に納得したことを、鮮明に覚えています。

組織発展の歴史と、所属する人のリーダーシップへの影響

この中央集権的な組織のあり方から自律分散型な組織への変化は、いつから、どのように発生したのでしょうか。2018年に出版された『ティール組織』という書籍に興味深い考察があったので、一部抜粋して紹介したいと思います。この書籍の中で、著者のフレデリック・ラルー氏は組織の発展形態を5つのフェーズで表現しました。

衝動型（レッド）

力、恐怖によって支配される組織。マフィアやギャングなどが代表的。コンセプト：組織は力

順応型（アンバー）

規則やルールにより支配される階層組織。旧式軍隊や教会などが代表的。コンセプト：

組織は規律

達成型（オレンジ）

予測と統制を重視し、役割分化が進んだ組織。現代の多国籍企業が代表的。コンセプト：組織は機械

多元的（グリーン）

多様性、平等、文化を重視する組織。一部の家族型経営、NPOなどが代表的。コンセプト：組織は家族

進化型（ティール）

共通のミッションに沿って、自律分散型で運営される組織。変化スピードの早い業界で成長する企業などが代表的。コンセプト：組

図　ティール組織

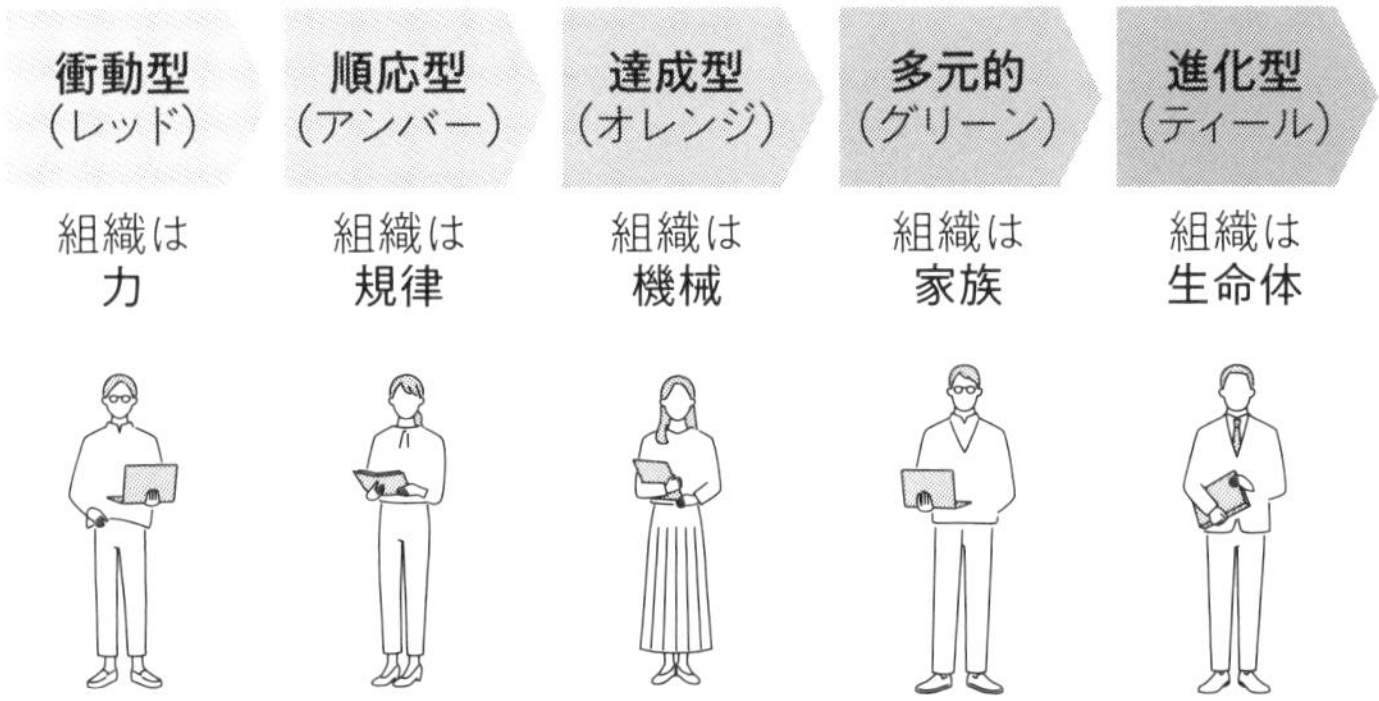

出典：『ティール組織』フレデリック・ラルー　英治出版　2018をベースに著者改変

織は生命体

＊コンセプトは筆者の解釈による表記です。

この変化を俯瞰して眺めてみると、**環境変化に合わせて権力バランスが組織側から従業員側にシフトしていく様子を読み取ることができます。**

1つ目の衝動型は、小規模で支配的であり、暴力と恐怖心でコントロールされます。組織のトップが絶対権力を握り、メンバーはそれに従うという構図であり、もっとも古くから存在する組織形態と言えるようです。マフィアやギャングなどが代表例とされています。

2つ目の順応型は、不変の法則に基づいた役割主義的な組織です。ルールと権威でコントロールされます。この組織形態により規模化と安定化が実現できた一方で、個人の感情よりも固定化された役割が重要視されました。ここでも、権力はあくまで組織を運営する側に存在しています。

3つ目の達成型は、利益や合理性を重視した組織形態であり、組織は機械とみなされます。予測と統制により再現性の高いマネジメントが可能になり、さらに、実力があれば組織の階段をのぼることも可能になりました。これにより人類は機会や豊かさを手に入れることになりますが、一方で行き過ぎた利益追求主義により地球環境に悪影響を及ぼしたり、成功基準が金銭に偏るなどの負の側面も現れてきました。権力バランスは依然としてリーダー側にありますが、成果を出すメンバーには地位や金銭報酬、さらなる機会を与えられるようになっていきます。

4つ目の多元型は、3つ目の達成型への反動で誕生したと言われています。組織で働く人の感情に敏感で、平等や多様性を重んじる特徴があり、組織は家族に例えられることもあります。共通の価値観を元に、積極的に権限委譲が進められ、対話を重視しながら意思決定が進められていきました。その一方で、全員参加型の意思決定を行うことで判断スピードが遅れるなどの矛盾を抱えるようになりました。

5つ目の進化型では、組織の存在目的や個人の内発的動機が重要視されます。組織が社会に存在する目的が常に共有され、進化し続けていきます。その中でメンバーは、内発的動機を軸に自分で意思決定できる機会を提供されます。それぞれが意思を持ちながらも、有機的に連携して共通目的に向かうその様子が自然界の営みに類似していることで、生命体に例えられることもあります。この組織では、マネジャーとメンバーはフラットで対等な関係になります。組織のあらゆる方針をマネジャーが決めるのではなく、現場に近いメンバーも外部環境を的確に捉えながら、自身で判断することが求められます。

以上、ティール組織を踏まえて組織の歴史的な発展経緯を紹介してきましたが、人類は長い歳月をかけて、外部環境に適応しながら、理想の組織形態を作りかえてきていると言えます。一部のマネジャーが権限を全て掌握する状態から、組織とメンバーが対等な関係性へ徐々に変化を遂げてきているのです。

これらの内容について興味がある方は、『ティール組織』（フレデリック・ラルー著　英治出版　2018）か、「GLOBIS 学び放題」の「ティール組織」をご覧ください。

人はＡＩに従いたいか？

ChatGTPが日本でリリースされ教育領域にも大きな影響が予測される中で、グロービス経営大学院の有志の教員が集まって、生成ＡＩに関する読書会を開催しました。課題図書は『Impromptu：Amplifying Our Humanity Through AI』という書籍で、著者は、リード・ホフマンというChatGPTを開発したOpenAIの共同創業者のひとりです。この書籍がユニークなのは、書籍の半分以上がChatGPT4と対話しながら書かれていて、書籍内の主張の多くがChatGTPにより生み出されているということです。７～８名の教員仲間と様々な議論を重ねる中で、とある教員が興味深い問いを投げかけてくれました。それは、「大半の主張が生成ＡＩによって生み出されているのに、私たちがこの内容を信頼しているのはなぜか？」というものでした。

読書会を実施した当時でも、既に多くのコンテンツが生成ＡＩにより生み出され、その内容が電子書籍として販売されていました。私も数冊Kindleで購入して読んだことがありましたが、そのほとんどが残念な品質だったことを覚えています（もちろん、作品によっては品質の高いものも存在すると思いますが、私が手に取ったコンテンツはいずれも高品質とは言えないものばかりでした）。先ほどの教員仲間の問いをきっかけに議論を重ねた結果、「リード・ホフマンという著者が、本書にお墨付きを与えていること。そして、生成ＡＩの内容に著者の考察が追加されていること」に価値を感じているのではないか、という結論に至りました。

私はこの読書会での議論をきっかけに、**「ＡＩが生み出す内容に人は従いたいと思うのか？」**という大きな問いを持つようになりました。それから、実際に日々の実務で生成ＡＩを活用したり、周囲の仲間と議論を重ねる中で私なりの考えが整理されました。それは以下の通りです。

予測や計算可能な内容についてはＡＩの方が得意であり、その結論に人は疑いなく従うのではないか。従った方が、効率的でありコスト削減が可能だからです。逆に言えば、これらの領域は今後もＡＩに置き換わり、人が方針を出す機会も減っていくと予想されます。

一方で、**予測不可能でリスクを伴う方針については、AIがロジカルに導き出す選択肢よりも、信頼のおける人が出す方針に従いたいと思うのではないか。**なぜなら、リスクがある方針はその後の実践が重要であり、信頼のおける人が出した方針であれば、仮にそれが違っていたとしても、方針を出した人が責任を持って最後までやり遂げる期待を持てるからです。

このことは、私自身も日々の仕事の中で実感します。現場スタッフが強い問題意識と想いを持って小さなプロジェクトを立ち上げて、それを周囲が応援する。そして気が付くと、組織全体を巻き込む大きな動きに繋がっていることが多々あります。年齢も若く、役職や権限もないスタッフになぜこのような動きが可能なのかと言えば、その人の持つ想いやコミットメント、責任感のようなものが他者に伝播して協力を引き出しているからではないでしょうか。そして、そのような小さなリーダーシップが、企業だけではなく社会全体で、ボランティア、市民活動、NPOなど様々な形式で生み出されていると感じています。

また、私もこれまでの社会人経験の中で、所属した組織のリーダーが発した方針にワクワクした経験があります。頭でロジカルに考えるとその方針が成功するかは不明でしたが、なぜかそのリーダーが発した言葉には重みがあり、実現させたいとコミットしたくなりました。

リーダーシップを身につけるために必要なこと

ここまで見てきたように、不確実の中でもリスクをとって物事を進化させるためには、現場スタッフにもリーダーシップが必要となってきます。それでは、実際にどのようにしたら、一人ひとりがリーダーシップを育むことができるのでしょうか？　リーダーシップ論は様々な先行研究があり、膨大な知恵が既に社会に溢れていますので、ここではとくに私が重要だと感じる数点を取り上げて紹介したいと思います。

とにかく、バッターボックスに立つ

周りから自分の意見を求められた時、皆さんはそれにどのように向き合っていますでしょうか。もちろん、その質問内容や置かれた状況によって対応は都度変わりますが、大きく3つに分類することができます。

1つ目は、状況を整理して述べる「実況中継型」の対応です。これまでの周囲メンバーの意見や自分が知っている情報などを、整理するだけのタイプです。一見すると理路整然と意見を述べているようで、自分の意見は表明しない、つまりリスクを一切取らない動きです。

2つ目は、限られた情報や直感を信じて意見を述べる「決めうち型」の対応です。自分がその時に思ったこと、考え方を明確に発信するが、その理由や根拠は整理されていない状況です。

図　意見を述べる際の対応パターン

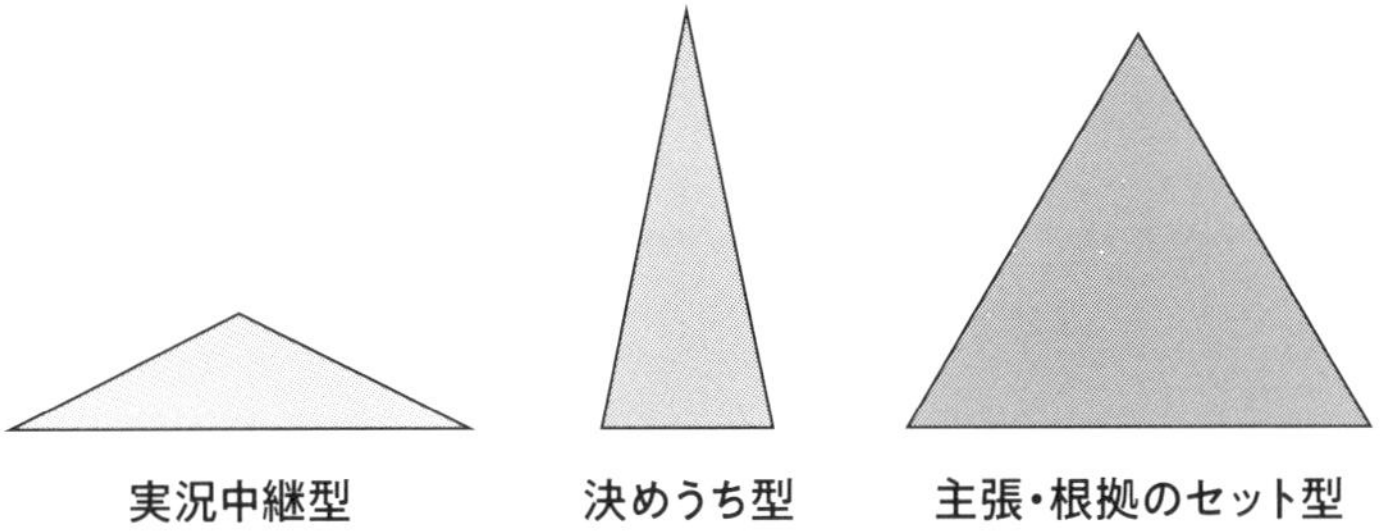

3つ目は、自分の意見も根拠も明確な「主張・根拠のセット型」の対応です。まずは自分の意見をしっかり表明した上で、その根拠を述べて相手に理解を促していきます。

これら3つのパターンを比べた時、目指したい状態が3つ目の「主張・根拠のセット型」であることは一目瞭然ですが、重要なのは残り2つの比較です。最初に結論をお伝えすると、どうしても主張・根拠のセット型での対応が難しい場合には、「実況中継型」よりも「決めうち型」をあえて意識した方が、結果としてリーダーシップを育むことができると考えています。「決めうち型」を意識すると、組織の様々な場面で自分の意見を表明することに繋がります。自分の意見を表明すると、周囲から様々な質問や反論が寄せられます。最初のうちは、それに対応できずに悔しい思いをすることもあると思いますが、質問や反論をもらうことで自分自身の考えがブラッシュアップされていきます。質問・反論に謙虚に耳を傾けるという姿勢さえ持っていれば、自分の意見を叩き台に組織内の議論が進んでいくことになります。

逆に「実況中継型」は、誰も反論できないようなもっともらしい情報を整理して伝えてはいますが、結局リスクをとって自分の意見を述べることを避けている形になります。このスタイルに慣れた人は、批判や評論のコメントは鋭いけど、「ではあなたはどうしたいのか?」という問いには向き合わないようになっていきます。大きな組織の中で、誰かが決めてくれる環境下ではそれでもよかったかもしれませんが、自分の意見を踏まえて人をリードすることは難しくなっていきます。また、情報を整理して批判したり、選択肢を並べるという行為は、ＡＩが得意とする領域であるため、その取り組みの価値そのものも低下していくことが予想されます。

リスクをとって自分の意見を主張することは、批判に晒されたり、場合によっては間違った意見ということで訂正を迫られたりするので苦しいものです。しかし、その経験を通じてこそリーダーシップが磨かれていくと私は信じています。なるべく多くバッターボックスにたち勝負をし続けることが、成長の近道と言えるのではないでしょうか。

周囲を動かすパワーと影響力

「GLOBIS 学び放題」の中でもとくに人気の高いコースに「パワーと影響力（入門編）〜人を動かすメカニズム〜」があります。周囲の人をどのように動かすのか、それを組織心理学的なアプローチで学ぶことができます。マネジメント職についていない人にとっても参考になる内容なので、本書の文脈に合わせて抜粋して紹介したいと思います。パワーとは、個人がそれぞれ持っている、人々に物事を実行させる「潜在的な能力」であり、影響力とは、人々を実行に向け動かそうとする「プロセスや行動」のことを指します。

パワーには3つの源泉があるとされています。1つ目は**公式の力（ポジションパワー）**であり、組織の地位や役職による力を意味します。2つ目は**個人の力（パーソナルパワー）**であり、個人としての魅力が作り出す力を意味します。3つ目は**関係性の力（リレーショナルパワー）**で、自分の人間関係による力です。この3つのパワーの源泉のいずれも現代社会において必要であるとされますが、これまで見てきた自律分散型の組織においては、相対的に公式の力は低減し、逆に個人の力や関係性の力の重要性が向上していくと私は考えます。

図　パワーの源の3分類

公式の力
（ポジションパワー）
組織での地位や役職による力
個人の力
（パーソナルパワー）
個人としての魅力が持たせる力
関係性の力
（リレーショナルパワー）
自分の人間関係による力

出典：「パワーと影響力（入門編）」GLOBIS 学び放題

影響力は6つ存在すると言われています。

1. **返報性**：恩恵を受けたら、その相手に報いなければならないと感じること
2. **コミットメントと一貫性**：自ら宣言したことと、一貫した行動をとろうとすること
3. **社会的証明**：他人の評価や行動を指針とすること
4. **好意**：好意を持つ相手ほど賛同したくなること
5. **権威**：専門家に指示を仰ごうとすること
6. **希少性**：手に入れにくいものほど求めたがること

図　影響力

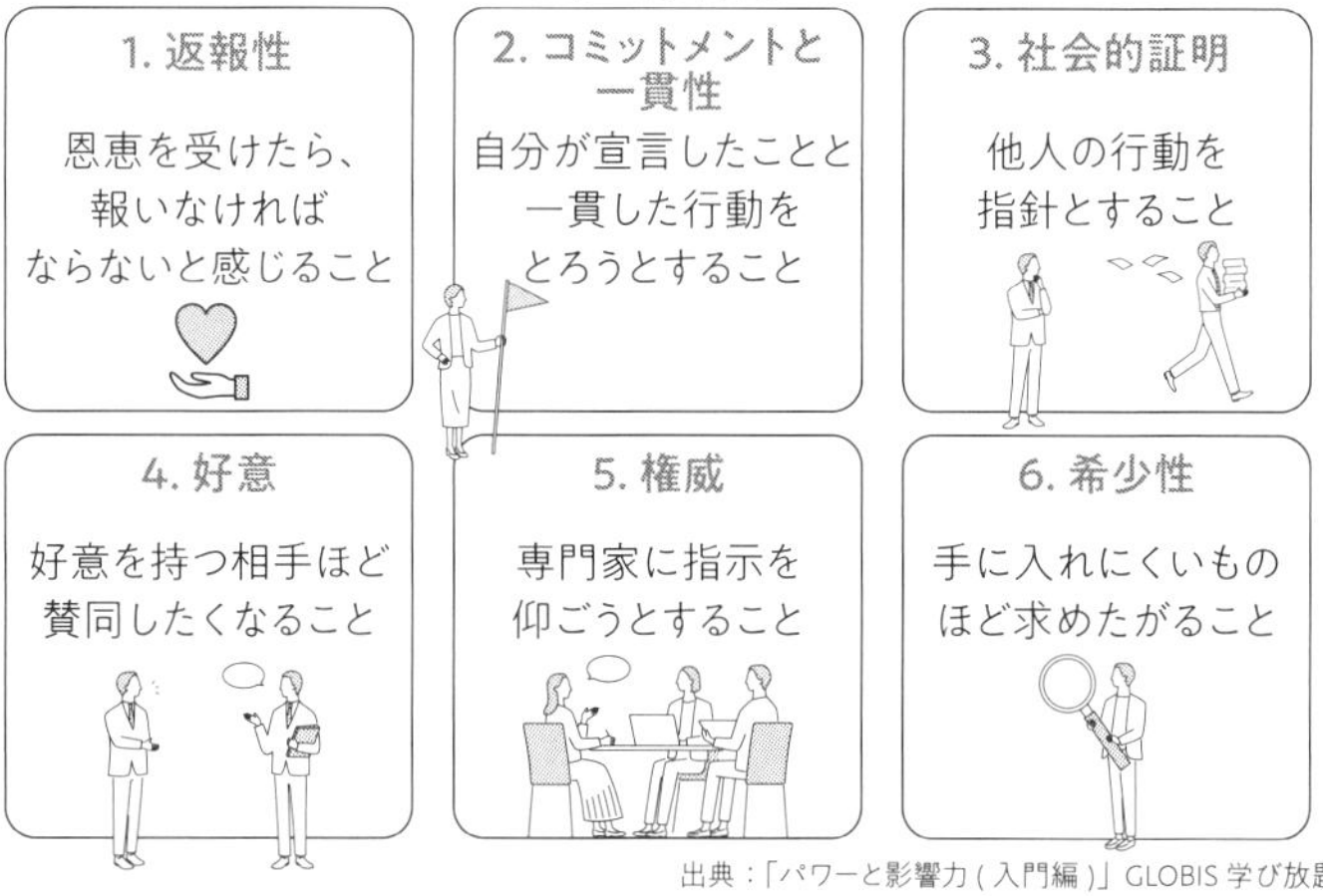

1. 返報性
恩恵を受けたら、報いなければならないと感じること
2. コミットメントと一貫性
自分が宣言したことと一貫した行動をとろうとすること
3. 社会的証明
他人の行動を指針とすること
4. 好意
好意を持つ相手ほど賛同したくなること
5. 権威
専門家に指示を仰ごうとすること
6. 希少性
手に入れにくいものほど求めたがること

出典：「パワーと影響力（入門編）」GLOBIS 学び放題

それぞれの細かい説明は本書では省かせていただきますが、いずれも周囲の人を動かす際に活用できる内容です。ＡＩが社会に普及していくと、この影響力にどのような変化が出てくるかを考えてみたいと思います。あくまで予想ですが、社会的証明や権威、希少性は、陳腐化するスピードがＡＩによって早まっていくのではないかと思います。一方で、人対人の関係性により生じる要素（返報性・行為）や、リーダーとしての姿勢（コミットメントと一貫性）はより重要性が増していくのではないかと考えています。また、コミットメントと一貫性は、本人を突き動かすと同時に、周囲にも影響を与えるものとしてとくに大切になっていくのではないかと考えられます。

最後に、コミットメントと一貫性に関連して1点付け加えると、影響力を持つリーダーに共通している素養に「言行一致」と「首尾一貫」があります。発言していることと、行動が一致していることは、物事の大小にかかわらず目指したいところです。首尾一貫についても、常にブレない判断や行動をしている人には自然と信頼が集まっていくものです。この2つは、いずれも日々の小さな心がけから少しずつ変えていけることなので、意識したい考え方です。そして、「言行一致」と「首尾一貫」が自然とできている人には、もうひとつ共通している点があるように思います。それは、「自分らしさ」、「自分の軸や哲学」

を持っているということです。これを持っているからこそ、周囲の意見に安易に流されず、ブレずに物事に対処することが可能になのです。

以降の章で、この「自分らしさ」を詳しくみていきたいと思います。

第6章

「自分らしさ」に沿って生きる力とは？

図　「自分らしさ」に沿って生きる力

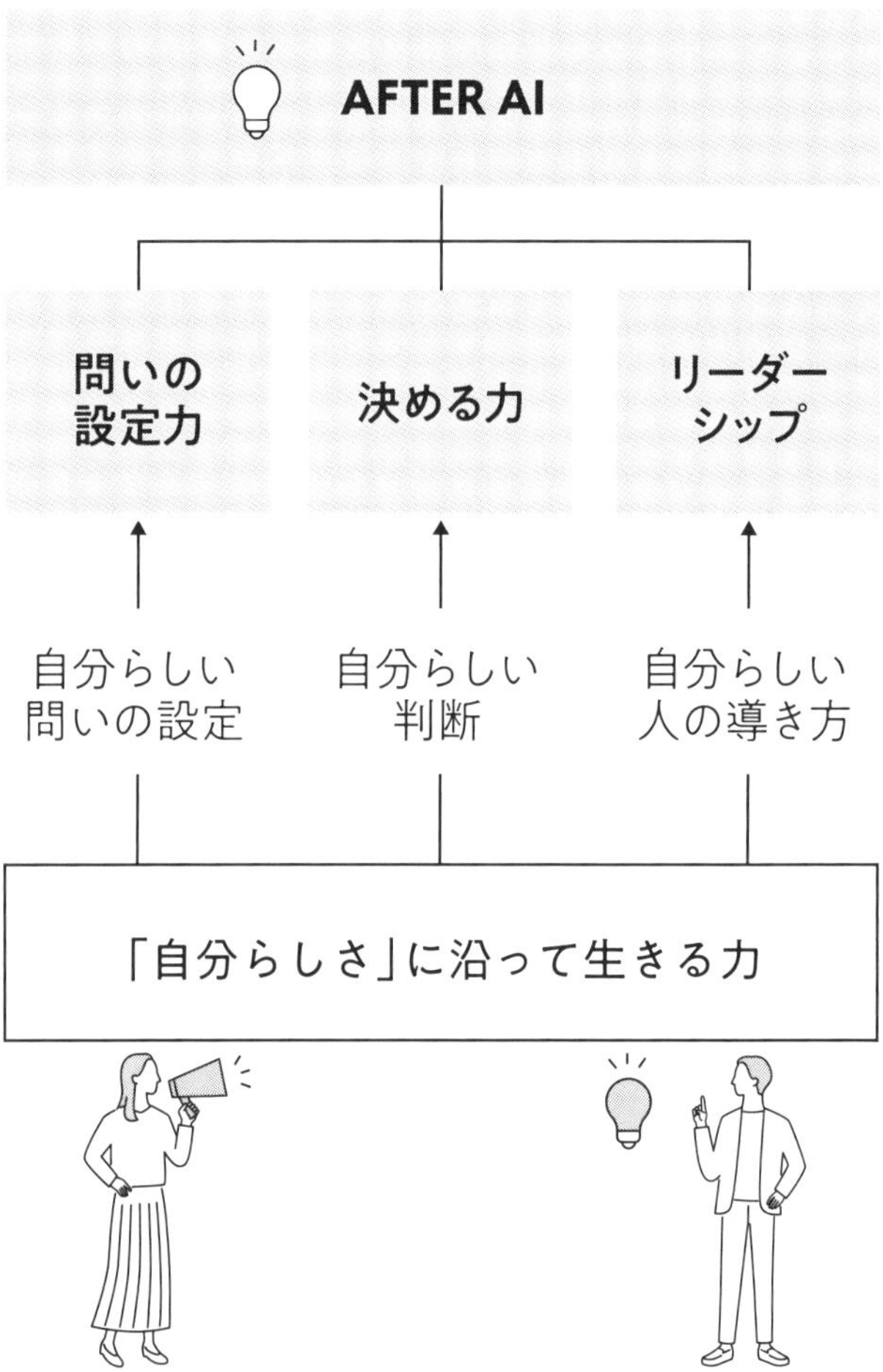

第6章では、AFTER AI時代に求められる4つ目、「自分らしさ」に沿って生きる力」について、その必要性や定義についてみていきます。

第1章で集団の〝らしさ〟に沿って生きる力から、「自分らしさ」に沿って生きる力への変化の必要性について触れましたが、内容を簡単に振り返りましょう。

クレイトン・クリステンセン教授が執筆した「イノベーション・オブ・ライフ」内のエピソードを取り上げ、**お金、地位、名誉、他者からの評価を重要な「ものさし」として努力し続けた結果、粉飾決算や家族との離別など、とても幸せとは呼べない結果に繋がることを紹介しました。**組織で働く私たちも、これまでは組織のルールに従いプロセスに従順で、期待された課題解決をし続けることが評価されてきました。それが長期化することで、顧客や従業員のメリットよりも組織の論理を重視するようになり、さらには道徳的・倫理的に誤った取り組みすら制御ができなくなる事態に発展するリスクがあります。事実、日本を代表する企業の不正などが明るみに出るたびに、「業績プレッシャーが強すぎる。社内で異論を唱える雰囲気ではなかった」などの内部調査報告が出ています。この誤った「ものさし」つまり、集団の〝らしさ〟に沿って行動することの是非を、私たちは今一度考える必要に迫られていると言えます。

また、**「自分らしさ」は他者から与えられるものではなく、自分自身で見出していく必要があること**にも触れました。そして、この「自分らしさ」は、ここまで本書で紹介してきた「問いの設定力」、「決める力」、「リーダーシップ」にも大きく影響を与えていきます。なぜなら、良い問いというのは他人から借りてきた型通りのものではなく、自分の意思や哲学が反映されているものだからです。そして、良い決断も同様に、他人から与えられるものではなく、リスクをとって最後は自分の信念に沿って決めるものだからです。そして、他人の意見を整理してそれらしくコメントを述べる評論家よりも、自分の立場を明確にして発信する人に、周囲は影響されるものだからです。

「自分らしさ」に沿って生きるとは何か？

皆さんは、「自分らしさに沿って生きることができているか？」と問われた場合、どのような答えが頭に思い浮かぶでしょうか？

・プライベートの場では「自分らしく」いられるけど、仕事の場ではそうではない
・「自分らしく」いられる日もあれば、誰かに流されて1日が過ぎてしまう日がある
・そもそも、「自分らしさ」が分からず曖昧な感じがする

これらは、私がビジネススクールの学生や、仕事の同僚・メンバーに質問をした際にいただいた反応の代表例です。近年は、自分らしく・自分軸・自分の価値観・自己尊重など、自分や自己という言葉が含まれた内容を多数目にします。実際に、過去数年のメディアでは、自分・自己をテーマにしたタイトルが増えているように感じます。

この自己の尊重や「自分らしさ」の追求という流れは、以前から存在していたのでしょうか。少しだけ歴史を俯瞰して確認してみたいと思います。農耕型社会をベースとする日本では、集団生活・規範が重要視されてきました。国土が狭い、資源が限られている中で、自然というコントロールできない対象を相手に生きていくためには、人間が寄り集まって規律を大切に生活する必要があったのが理由と言われています。江戸時代には士農工商という身分の区分けが設けられて、それぞれの役割を全うすることが美徳とされてきました。明治維新を経て身分制度はなくなりましたが、20世紀にはいり、会社員の割合が増えていく中で、個人の意見は押し殺してでも、会社組織のために尽くすことがよしとされる文化が強まりました。このような状態を滅私奉公と表現し、会社員としてのあるべき姿とされてきた側面もあると思います。個人が会社に深く・長くコミットする代わりに、会社側も社員が定年退職する時まで責任を持って雇用する、そのようなバランスが保たれていました。このように、日本社会では長い歴史の中で「自分」よりも、「組織」や「社会」、「集団」を重要視する傾向にあったと言えます。

それでは、現在はどうなのでしょうか。例えば、就業という視点で見れば、厚生労働省のデータによると、「より良い条件の仕事を探すため」に転職を希望する社会人は2019年時点で127万人と、2002年以降で過去最多の伸びを示しています。また、新人が会社を選ぶ際の理由についても変化がみられます。株式会社学情が2023年に発表した調査結果では、就職活動において「自分自身が成長できそうか」を重視する学生が9割に迫っています。「終身雇用が当たり前ではないので、成長し続けることが必要だと思う」という声が多数寄せられたようです。もちろん、これまでのように組織・集団・社会を重視する文化は依然として残っていますが、個人を重視する価値観が近年急速に高まっているとも言えるのではないでしょうか。

「自分らしさ」が求められる3つの背景

ここで改めて、「自分らしさ」が求められるようになった背景を3つの観点からみていきたいと思います。①外部環境の変化、②内的欲求の変化、③比較対象の変化の順番にそれぞれ解説します。

1つ目は外部環境の変化です。 これまでも触れたように、現在私たちが暮らしている社会は、長い歴史の中でも類を見ないほど早いスピードで変化しています。まさに、「一寸先は闇」とも言えるでしょう。ひと昔前の安定した環境であれば、例えば企業・組織運営においても一部の経営幹部が長期の方針を立てて、それに沿って組織が適切に運営されてさえいればよかった。組織に所属する個人も、組織の規範や仕組みを崩してまで自己主張をしなくても、毎年安定的に報酬も上がっていきました。明日は今日より豊かになると信じられていた時代です。

一方現在は、経営者やリーダーでさえも未来を予期することはできず、暗中模索と言える状態です。２０１９年、当時のトヨタ自動車社長である豊田章男氏が日本自動車工業会の会長会見で「雇用を続ける企業などへのインセンティブがもう少し出てこないと、なかなか終身雇用を守っていくのは難しい局面に入ってきた」と発言し話題となりました。これまでのような形での終身雇用の維持が難しいという考えは、当時の経営者やビジネスパーソンの間でも一定程度浸透していましたが、日本を代表する企業であるトヨタ自動車の社長の発言ということで注目を集めました。

会社が一生雇用を保証してくれるわけではないので、当然、一般のビジネスパーソンの中には危機意識が芽生えます。そのような中で「キャリア自律」、「キャリアオーナーシップ」の必要性が叫ばれるようになっていきました。つまり、自分のキャリア、いや自分の人生そのものを、会社に依存するのではなく、自分自身で考え・決める必要があるということです。

２つ目は内的欲求の変化です。米国の著名な心理学者であるアブラハム・マズローは、人間の持つ欲求は5つの段階に分類されるという考えを提唱しました。マズローの欲求5段階説と呼ばれるこの考えでは、「生理的欲求」、「安全欲求」、「所属と愛の欲求」、「承認欲求」、「自己実現欲求」に分類されるとされています。また、この5つの欲求は階層構造にあり、生理的欲求や安全欲求など低次の欲求が満たされると、一段階上の欲求が高まり、その欲求を満たすための行動を起こすようになると主張されています。

はるか昔の私たちの祖先は、毎日を生き抜くために様々な道具や文化を生み出しました。まさに食うため・生きるため、つまり「生理的欲求」を満たすために努力を重ねてきました。さらに、周囲の異なる集団から身を守

図　マズローの欲求5段階説とは

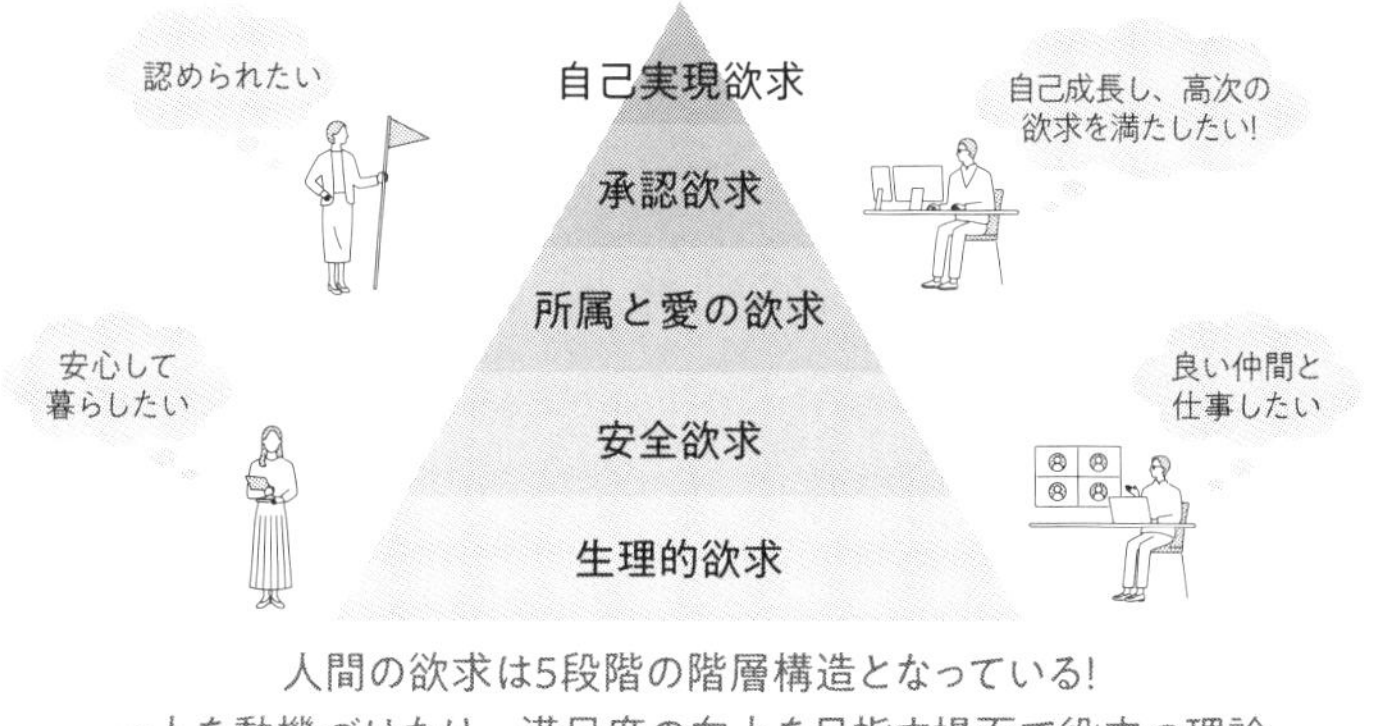

人間の欲求は5段階の階層構造となっている!
→人を動機づけたり、満足度の向上を目指す場面で役立つ理論

出典：「マズローの欲求５段階説」GLOBIS 学び放題

るために組織力や軍事力を身につけ「安全欲求」を満たしてきました。そして、その集団組織に所属し貢献することで「所属と愛の欲求」、「承認欲求」を満たしてきたと言えます。会社に所属する多くのビジネスパーソンも、組織内で活躍し地位や給与を高めることで、所属と愛の欲求や承認欲求を満たしてきたと考えられます。先に述べたように、この説によれば、低次元の欲求が満たされると人はより高次元の欲求に向かうとされています。つまり、最終段階である「自己実現欲求」を満たすことに意識が向くというわけです。この自己実現欲求では、自分の能力を活かして自己の成すべきことを成すということが周囲からの評価や報酬以上に重要視されていきます。

現代社会においても、日々の食事や安全を確保することが困難な層は存在していると思います。しかし、長い時間軸でとらえると、各階層の欲求は着実に満たされ、その結果として高次の欲求に向かう割合は拡大していると言えるのではないでしょうか。つまり、現代の多くの人は低次元の欲求が満たされているため、無意識的に高次元の欲求である自己実現欲求が高まっていると考えられます。これが、「自分らしさ」が求められる2つ目の背景でもある内的欲求の変化です。

3つ目は比較対象の変化です。読者の皆さんの中にも、日常的にSNSを活用し情報を取得している人は多いと思います。SNSは簡単に他人と繋がり、自分と異なる情報にアクセスできる便利なツールである一方で、他人と自分を比較し自己を過小評価してしまうリスクもあります。

・自分と同世代のAさんが、起業をして活躍している。最近資金調達の発表をしていた
・以前同僚だったBさんが、転職先で大活躍している。部長クラスに昇格したようだ
・学生時代に友人だったCさんが、結婚して幸せな家庭生活を送っている

このような情報は、それを共有した人の一側面でしかなく、実際には見えないところで苦労・挫折が存在しているケースがほとんどです。それなのに、その華やかな側面だけをみて、自分と比較をして焦りを募らせている人が多いように感じます。この焦りの感覚と合わせて、自分とは何か？「自分らしさ」とは何か？という点について無意識に考えているのでしょう。実際に筆者がビジネススクールの教員として学生と接していると、他人の活躍に刺激されて発奮し行動を開始するというケースをよく目にします。しかし、その行動は長くは続かないことが多いように感じます。よく話を聞いてみると、最初はA

さんの活躍に刺激されて「焦り」から行動を開始したけど、それを続けるうちに「なぜこの努力を続けなければいけないのか、Ａさんのように自分はなりたいのか？　そもそもＡさんは、自分とは住む世界が異なる人である」という疑問が頭の中に湧いて行動をストップしてしまうのです。

インターネットやＳＮＳが普及する以前は、私たちの人間関係は限られた範囲しかありませんでした。家族、同級生、同僚、近所の友人などより身近な存在が中心でした。もちろんそのような人たちから刺激を受けて比較することはあったと思いますが、同時にその人たちの裏側の苦労や背景も理解しやすかったと思われます。そのため、無意味に誰かと比較して自己嫌悪に陥るということも、現代と比べると少なかったのではないでしょうか。幼少期から学生時代を秋田県の田舎で過ごした私自身は、他人と比較するというより、むしろ過去の自分と今の自分を比較することが多かったように感じます（そもそも、接する人間関係が限られていた、という前提の違いはありますが）。このように、ＳＮＳという便利なツールを手にしたことで、本来は関係の薄い自分とは前提が異なる人と無意味に比較をして、自分とは何か？　を無意識に考えてしまうという状態が増えていると考えられます。

ここまで見てきたように、①外部環境の変化、②内的欲求の変化、③比較対象の変化の3つにより、意識的にも無意識的にも「自分らしさ」を考える圧力がかかっていると考えられます。

「自分らしさ」の定義

ここまで「自分らしさ」を取り巻く現状、そしてそれが求められるようになっている背景を俯瞰してきましたが、ここであらためて定義について触れてみたいと思います。私が「自分らしい」「自分らしさ」という言葉の定義を調べてみて、最初に気づいたことがあります。それは、広辞苑や大辞林などの辞書には存在しないということです。広辞苑や大辞林などの辞書は、社会一般的に使用されている言葉や流行する言葉を元に、おおよそ5〜10年周期で更新がされるようなので、この言葉がまだ一般化されていない＝比較的新しい概念である可能性もあります。

次に、「自分」と「らしさ」を分解して確認しました。「自分」については、広辞苑では「おのれ、自身、自己」、大辞林では「その人自身、一人称」などの説明がされています。もっとも自分を哲学的に深掘りしようとすると、膨大な哲学書や学者の説を引っ張り出す必要がありますが、本書ではそこまで求めないことにします。「らしい」は広辞苑では複数の説明が加えられていますが、「根拠や理由のある推定、～の様子である、いかにも～と思われる」、大辞林では「～にふさわしい状態、～の特質を備えている、～と感じられる」などと表現されています。その他、いくつかの辞書の定義などを踏まえて本書では、自分らしさを

〝自分と呼ぶにふさわしい〟と、本人が思う認識の強さ

と定義してみたいと思います。

「本人が思う」のには、根拠や裏付けがあって、そこには過去の自分の体験・言動などが影響している可能性があります。例えば、幼少期の私は比較的「負けず嫌い」でした。それは2つ年上の兄とお菓子やおもちゃの取り合いをしており、その時に相手が折れるまで諦めないという経験があり、文字通り「負けず嫌い」な次男であったからです。当時の兄には本当に申し訳ないことをしたと反省しています。また、普段は勉強をしないくせに、テストの点数は負けたくないということで徹夜をして良い点を取ろうとしていました。このように自分の過去の言動を振り返り、繰り返し出てくる言動を眺めて、私自身が「負けず嫌い」だったと強く思えば、それが自分らしいとなるわけです。また、周囲からも自分

の認識と同じように「負けず嫌いだね」と言われると、確かにそうだ、と強く認識するようになっていきます。

この定義に沿って考えてみると、「自分らしさ」というものは自らが主体的に認識をしないと見えてこないとも言えます。他人から、「ｘｘさんはｘｘのような人ですね」と指摘されたとしても、それを自分が「そう思う」と認識しない限り見えてこないと考えられます。

せっかくなので、「生きる」という言葉にも定義を加えたいと思います。フランスの思想家であり哲学者である、ジャン＝ジャック・ルソーは生きるというテーマについて、以下のような有名な言葉を残しています。

生きるとは呼吸することではない。行動することだ。

ただ生きるためにに呼吸をすることではなく、何かしらの目的のために命を使い、行動することが「生きる」ことだとルソーは説いています。現代社会に置き換えると、給与のためだけに働くのではなく、自分自身の目的に沿って働くことと言えるかもしれません。

ここまでの内容を踏まえると、「自分らしさ」に沿って生きるとは、

「自分と呼ぶに相応しいと、本人が思う認識に沿って、目的を持って行動し続けること」

と、本書では定義してみたいと思います。

自分自身の価値観も明確にして、目的を持って生きていくことは、言葉で表現するのは簡単ですが、行動に移すのはとても難しいことです。しかし、「自分らしさ」に沿って生きる力を身につけることで、**ＡＩが答えを出せない〝自分らしい〟「問いを設定する力」を向上させることが可能になります。そして、〝自分らしく〟「決める力」を養うことが可能になり、さらに周囲に自分の考えを発信し影響を与える〝自分らしい〟「リーダーシップ」を身につけることにも繋がります。**

次の章では、「自分らしさ」を再発見するための考え方について、改めて「問いの設定力」という視点を持ちながら見ていきたいと思います。

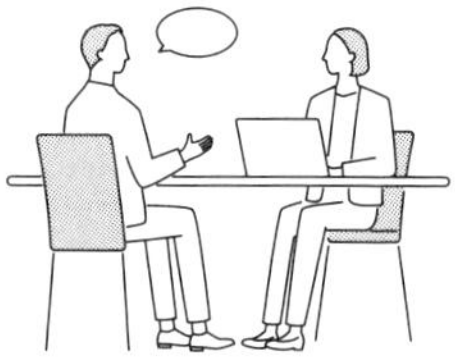

第7章

「自分らしさ」を再発見する、問いの設定力

図　「問いの設定力」と「自分らしさ」

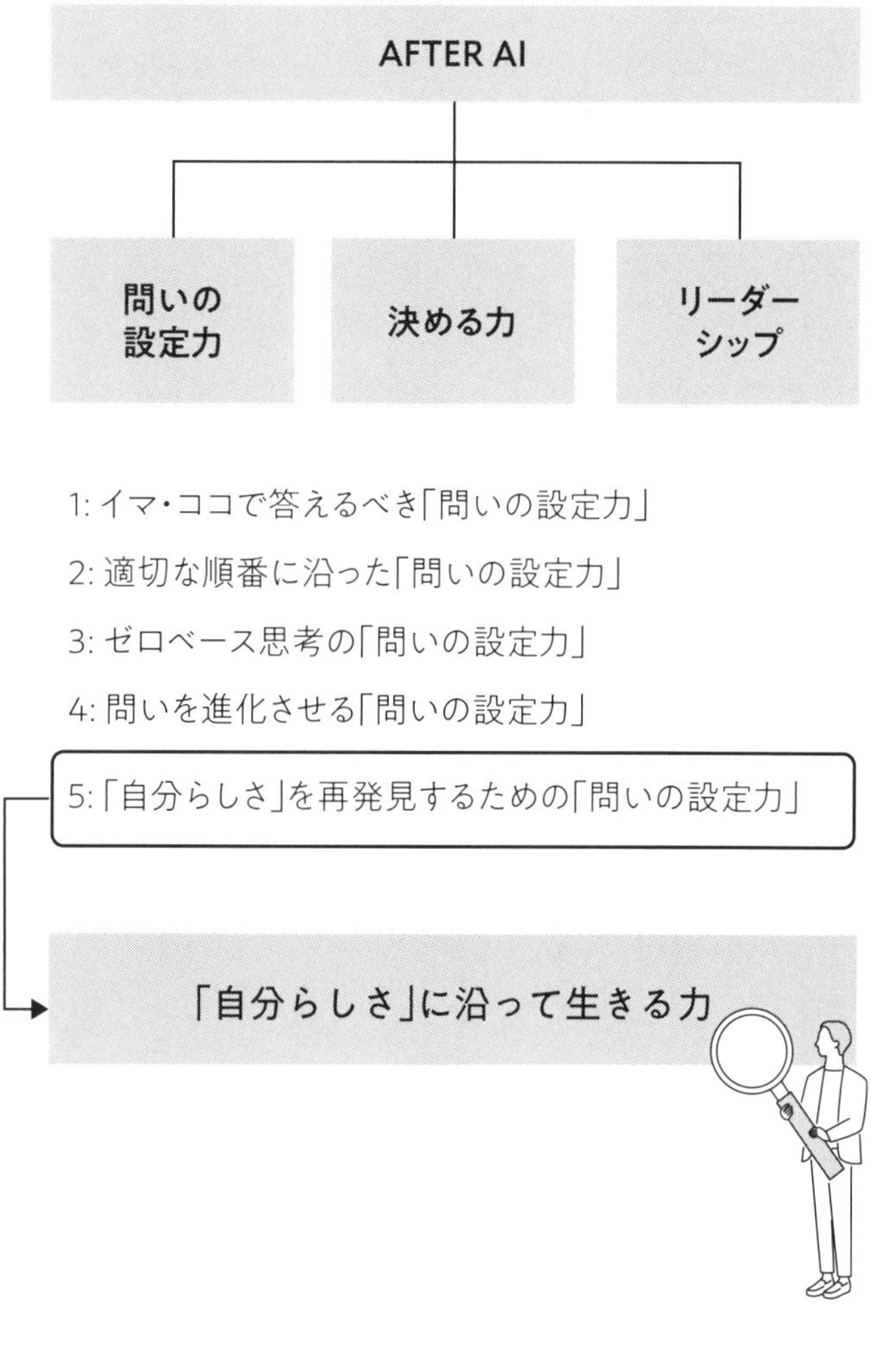
AFTER AI
問いの設定力
決める力
リーダーシップ
1: イマ・ココで答えるべき「問いの設定力」
2: 適切な順番に沿った「問いの設定力」
3: ゼロベース思考の「問いの設定力」
4: 問いを進化させる「問いの設定力」
5: 「自分らしさ」を再発見するための「問いの設定力」
「自分らしさ」に沿って生きる力

「自分らしさ」を再発見するために求められるマインドセット

本書の冒頭で少し触れましたが、私は現在グロービスという組織で「GLOBIS 学び放題」という学習サービスの事業リーダーをしています。また、グロービス経営大学院で教員の仕事もしています。その両方で、日々多くのビジネスパーソンと接する機会があります。その会話の中でよく話題になるのが、「なぜ、学習しようと思ったのか？」ということです。答えは様々で、仕事の課題解決のため、キャリアアップのため、リーダーに昇進してスキル不足を感じているからなど、皆さん何かしらの課題解決を目指しているようです。また、時間ある際にさらに踏み込んでお話を聞いていくと、「自分が将来何を目指すべきか不明瞭で、少しモヤモヤしている」、「今のままの職場で、同じ仕事を続けることが本当によいのか不安である」という具合に、漠然とした不安を抱えている方も多いです。そして、不安があるという方に私が「では、不安を解消できたとして、その先に何をしたいのか？」という質問を差し上げると、皆さん、真剣にそして深く考えて「それが明確でないことが、課題だと思っています」と発言されます。

グロービス経営大学院では、入学時・入学から1年後・卒業直前などのタイミングで、自分の「志」、つまり自分が人生で成し遂げたいことを他者に発表する機会があります。現在は教員・事業リーダーの立場ですが、実は私自身も数年前にはグロービス経営大学院に学生として通学しており、この「志を発表する」というプロセスを経験しました。そこで「自らの志を言葉にすることは、想像以上に苦しい営みだ」ということを痛感しました。何度も書き直し、悩み抜き、そして卒業直前に発表する際にも「これで本当にいいのか?」と不安を抱えていました。当時の私自身の経験に加え、現在教員として多くの学生と接して「志」について会話をしている中で感じるのは、**「志には正解があり、それを外に求めることで発見できる」と無意識に考えてしまう傾向にある**ということです。さらに、自分と他人の志を比較して、自分の志のスケールの小ささに自信を失ってしまう方も多いようです。

このように、①自分が目指す方向に正解があると思うこと、②その正解を外に求めてしまうこと、③他人と比較してしまうことは、誰しもに発生しうるものだと思います。自分のやりたいことを考える際、外部の情報に触れたり他者と比較することは、考えるきっかけにはなると思います。実際に、グロービス経営大学院では、歴史的な偉人の伝記を通じて視座を高めたり、刺激を得ながら考察を深める機会もあります。その上で、自らのやりたいこと、成すべきことの解を外のみに求めるのではなく、自らの内面にも求めていくことを大切にしています。親の期待、会社の期待、友人の期待に応えることは重要ですが、それが中心になると「やりたいこと、志」ではなく、「やるべきこと、義務感」になってしまいます。**他人が与えてくれる、正解らしい基準に沿うことの安心感から抜け出し、自分の道を進むことが「自分らしさ」を再発見する問いに向き合う、大切なスタンスです。**

ここからは、「自分らしさ」を再発見するための問いの設定力について具体的にみていきます。また、より実践しやすいように各種ツールも紹介していきたいと思います。

過去、現在、未来の3つの視点で自分を再発見していく

まず最初に、P233の図をみてみましょう。自分自身への問いとして、大きく3つのパートに分かれています。1つ目は、過去から現在までの自分を再発見する問いです。自分が現在までどのような人生を歩んできたのか、その中でどのような価値観を身につけてきたのか、そのようなテーマについて明らかにしていくステップです。2つ目は、現在の自分自身を再発見する問いです。自分のことは、自分が一番わからないものです。この点について、普段かかわりの持つ人や仕事との関係も踏まえて再発見していきます。最後は、未来に向けた自分を再発見する問いです。

図　過去・現在・未来の「自分らしさ」

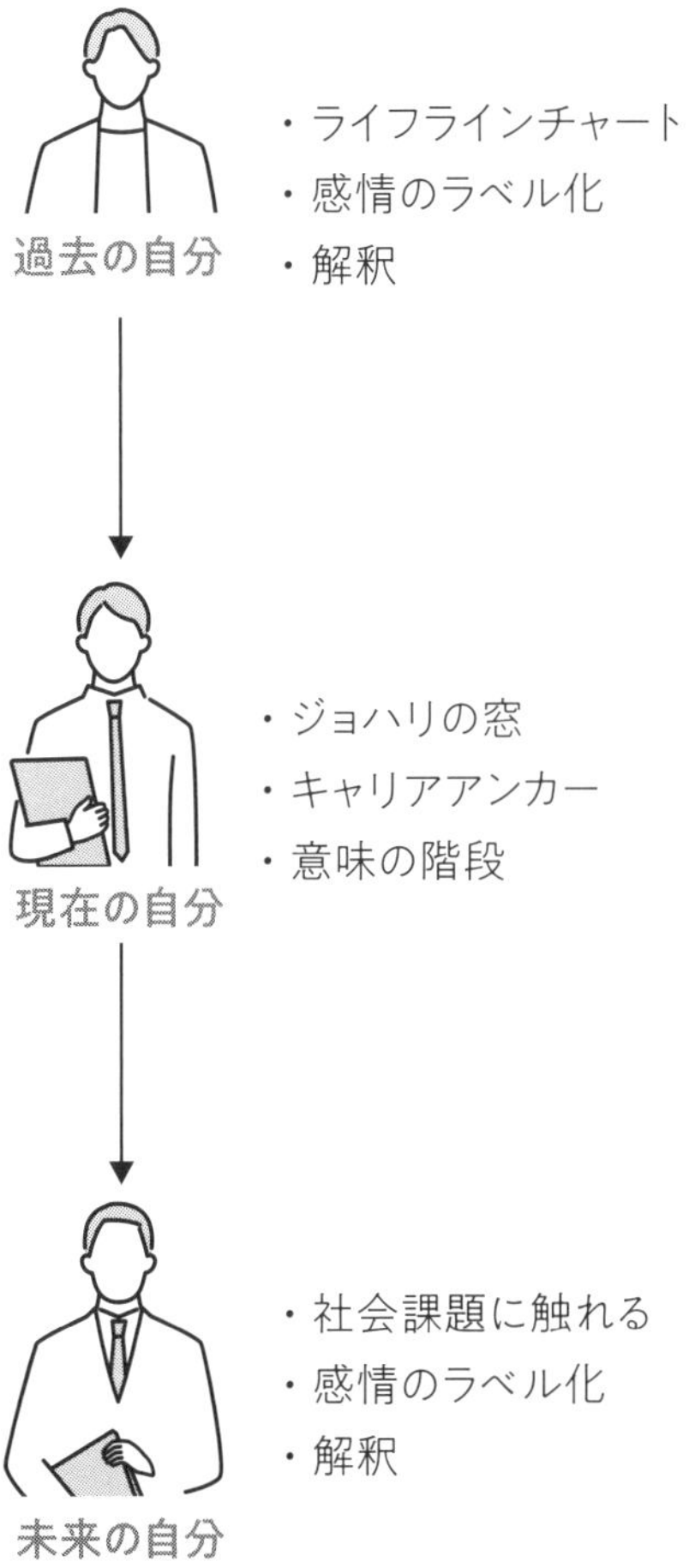

過去の自分を再発見する

「現在は過去の集積である」（作者不詳）

私が数年前に出会った言葉ですが、とても共感し深く考えさせられたことを覚えています。過去の出来事、経験、人との出会い、情報との出会いなどにより、現在の自分が作られているとすれば、「自分らしさ」を再発見するためのヒントは過去にあるのかもしれません。それにもかかわらず、自分の過去を振り返る機会は意外と少ないものです。

過去を振り返る方法論は多数存在しますが、今回は私自身も過去に数回実施したことがあり、効果を実感した方法をご紹介したいと思います。3つの作業ステップから成ります。

①ライフラインチャートを書く
②感情のラベル化をする

③解釈をする

以下にサンプルを用意しました。①の「ライフラインチャートを書く」では、幼少期から現在に至るまでの間に自分に影響を与えた印象深い出来事を書いていきます。曲線の上下は、当時の幸福度や感情の起伏を示しています。幸福度が高い時、低い時にはそれぞれの理由があるはずです。その理由、つまり「感情」を言葉にしていくことで、当時の自分自身がどのように感じていたのかを理解していきます。これが、②感情のラベル化のステップです。ここでは、そこまで表現にこだわる必要はなく、感じたことをそのままの気持ちで記入していくことが大切です。

図　ライフラインチャート

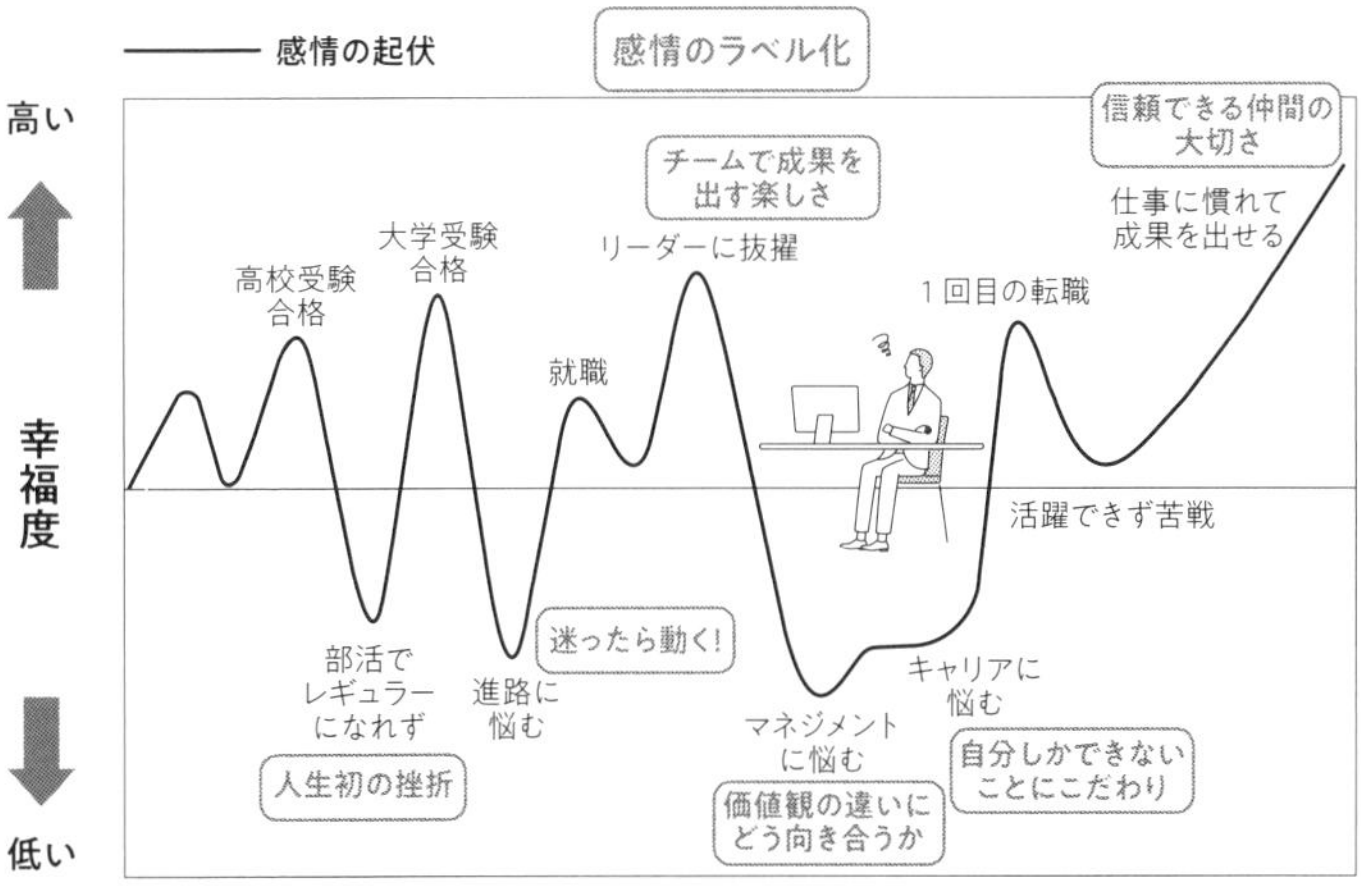

そして、３つ目のステップである③解釈では、次のような問いを自分自身に投げかけていきます。

・なぜ、当時の私はそのような感情を持ったのだろうか？
・そのラベル化された感情は、今の私にどのような影響を与えているだろうか？

ある出来事に遭遇した際に、自分はとても憤りを覚えたのに、他の人は何事もなかったかのようにやり過ごすというシーンを不思議に感じたことはありますか？　人は誰しも、自分だけの「感情のアンテナ」を持っています。そのアンテナに反応するということは、自分にとって大切なことや、譲れないことなど、自分でも気づいていない価値観が潜んでいる可能性があります。そして、その「感情のアンテナ」は今も変わらず持っているのか、持っているとしたらそれは今の自分にどのような影響を与えているかを考えることで、自分の価値観や性格のようなものが浮き彫りになってくるのです。

イメージを持っていただくために、私自身の事例を紹介させてください。小学生の頃、私に大きく影響を与えた2人の先生がいました。1人目は、非常に厳しい先生であり、とにかく私たちに対して、悪さをする子どもたちというレッテルを貼り、様々なルールや罰則を設けようとしました。実際にその時期は多くの悪さをしていたので、しょうがないと諦めていましたが……。とにかく日々が辛く、あまり楽しくない時期でした。一方、その後に出会った先生は真逆のタイプで、いわゆる「性善説」型の先生でした。その先生は、私たちのような悪ガキに対しても、可能性を信じてくれて、やればできる、やってみようと語りかけてくださいました。不思議なもので、他人から期待をかけられるとモチベーションもあがり、その結果としてスポーツも勉強の成績も少しずつ高まっていきました。

当時の感情の起伏をラベル化すると、「可能性を信じてもらえた、嬉しい！」という表現になります。そして、人は期待をかけられることでどこまでも可能性を広げられるという確信を得ることができました。その「可能性を信じてもらえた、嬉しい！」という感情は、その後、私が人材育成や教育という領域に興味を持つ原動力になりました。また、「可能性を信じていく」、「人間を善人と見立てて接していく」といった価値観は私自身に深く根差し、今の私の人格を形成する大きな要素になっています。

以上のように、過去の出来事を丁寧に洗い出し、その感情にラベル化し、その後に2つの問いを投げかけて、解釈を深めていくことは、現在の自分を再発見する手助けになるはずです。興味のある方は、ぜひ時間をとって試してみてください。

現在の自分を再発見する3つのアプローチ

次に、現在の自分に目を向けてみましょう。自分という存在は他の誰よりも付き合いが長く、常に意識する存在です。そのため、誰よりも自分が自分の事を分かっていると思いがちです。しかし、多くの研究や事例が示すように、自己を正しく認識するということは極めて難しいものです。そのため、自分を認識するための手法には多くの先行研究があり、様々な手法が開発されています。

本書では、様々あるアプローチの中から①意味の階段、②キャリアアンカー、③ジョハリの窓の3つを紹介したいと思います。1つ目の意味の階段は、現在携わっている仕事と自分との関係や意味を明らかにします。2つ目のキャリアアンカーでは、自らのキャリアを形成する上で譲れない価値観を言語化していきます。3つ目のジョハリの窓では、自分と他人双方から見える自分を明らかにすることで、今の自分を再発見することを目指します。

つまらない仕事と楽しい仕事　～意味の階段～

本書を手にとっていただいている方は、何らかの仕事をされている方が多いと思います。毎日多くの時間を使う仕事は、皆さんにとってどのような意味を持っているでしょうか？そして、その意味は自分にどのような影響を与えているでしょうか？

米国の調査会社ギャラップ社が2023年6月に公表した「グローバル就業環境調査」によると、日本では「仕事への熱意や職場への愛着を示す会社員」の割合は5％と、調査した145カ国で最低水準でした。ほかにも各種調査から、日本の会社員の仕事満足度が低いことが明らかになっています。仕事にやりがいを見出せない場合、プライベートを充実させたり、転職を検討する方もいるでしょう。転職を期にイキイキと仕事に取り組み前向きな人生を送っている方がいる一方で、期待通りの会社や仕事に出会えず数年ごとに転職を繰り返してしまう方もいます。また、不思議なことに、同じような仕事をしているはずなのに、とてもやり甲斐を持って仕事に取り組んでいる人もいれば、常に不満を持ちながら仕事に向き合う方もいます。

この不思議な事象について理解を深めるために、ある有名な寓話をご紹介したいと思います。レンガ職人の寓話です。知っている方も多いと思いますが、改めて本書のコンセプトに沿って捉え直してみます。

かつて、熱い太陽の下、3人のレンガ職人が働いていました。通りすがりの人が最初の職人に声をかけます。「何をしているのですか?」職人は無気力に、「ただレンガを積んでいるだけです」と答え、肩をすくめました。次に、2番目の職人に同じ質問を投げかけると、彼は少し誇らしげに、「私は壁を作っています」と答えました。しかし、3番目の職人の目は、別の世界を見ているかのように輝いていました。彼は手を止め、夢見るような声で答えました。「私たちは、人々を魅了する美しい大聖堂を建てているのです」。彼の言葉には情熱と大きなビジョンが込められており、その目には将来の壮大な建築物を映しているかのようでした。

同じ「レンガを積む」という作業でも、それぞれの職人が持つ心の持ちようが、仕事の満足度に大きく影響を与えています。そして、この寓話のエッセンスは、現代の私たちにも当てはまると思います。目の前の仕事を「作業」と捉えるのか、その作業がその先の

「価値」に繋がっていると捉えるのかによって、仕事に向き合う姿勢が変わってくるのです。

ではどのようにして、目の前の「作業」を「価値」と捉えることができるのでしょうか。ここでご紹介したいのが、「意味の階段」です。具体的には、以下の問いを自分に投げかける形になります。

・目の前の作業は、何に貢献しているのか？
・その貢献は、最終的にどこに繋がっているのか？

イメージしやすいように、社会人向けの動画学習サービスの制作スタッフを例に挙げます。そのスタッフの主な仕事は、撮影された動画教材を編集することです。具体的には、教材をより分かりやすくするためにアニメーションやイラストを作成し教材に加えていきます。これを「作業」と捉えるのであれば、日々同じような「動画編集」を行っていることになります。そのため、いかに効率的に仕事を終わらせるかという考えが中心となります。

しかし、貢献という意味で捉え直すと、「動画教材を通じて、多くのビジネスパーソンの成長支援をしている」と表現できます。さらに、多くのビジネスパーソンが成長することで、彼らが所属する組織の生産性や業績が高まり、最終的には日本経済成長に繋がります。また、学びと成長を繰り返すことで、そのビジネスパーソンの人生が前向きになり幸せな人生を送ることにつながる、と捉えることもできます。このように捉えて業務に向き合うからには、動画で学習した後に成果に繋がりやすくするためにはどうするべきか、また、学習を楽しく最後まで続けてもらうためにはどのような工夫ができるのか、といった試行錯誤も生まれていきます。なお、この制作スタッフは私が一緒に仕事をする仲間であり、実際にこのような会話をしたことがあります。

そして、もうひとつ大切なことは、

意味の階段を上った先にある貢献は、自分にとってどのような意味があるのか？

という問いを自分に投げかけることです。先ほどの事例の場合、「動画教材の編集作業を通して、日本経済の発展に寄与する」という貢献に対して、自分が意味を見出せるのであれば、そこに向けて更に努力を続けることをおすすめします。しかし、意味を見出せない、異なる領域で貢献していきたいと思うのであれば、もしかしたら仕事内容や会社を変えることもひとつの選択肢に入ってくるかもしれません。ここで注意が必要なのは、意味の階段は経験を通じてより鮮明に見えてくるということです。そのため、十分な経験をせずに意味がないと切り捨ててしまうのは、そこに秘められている可能性を見過ごすことにも繋がります。自分なりに目の前の仕事に打ち込み、その経験を踏まえて意味の階段をのぼるという流れをおすすめします。

図　意味の階段

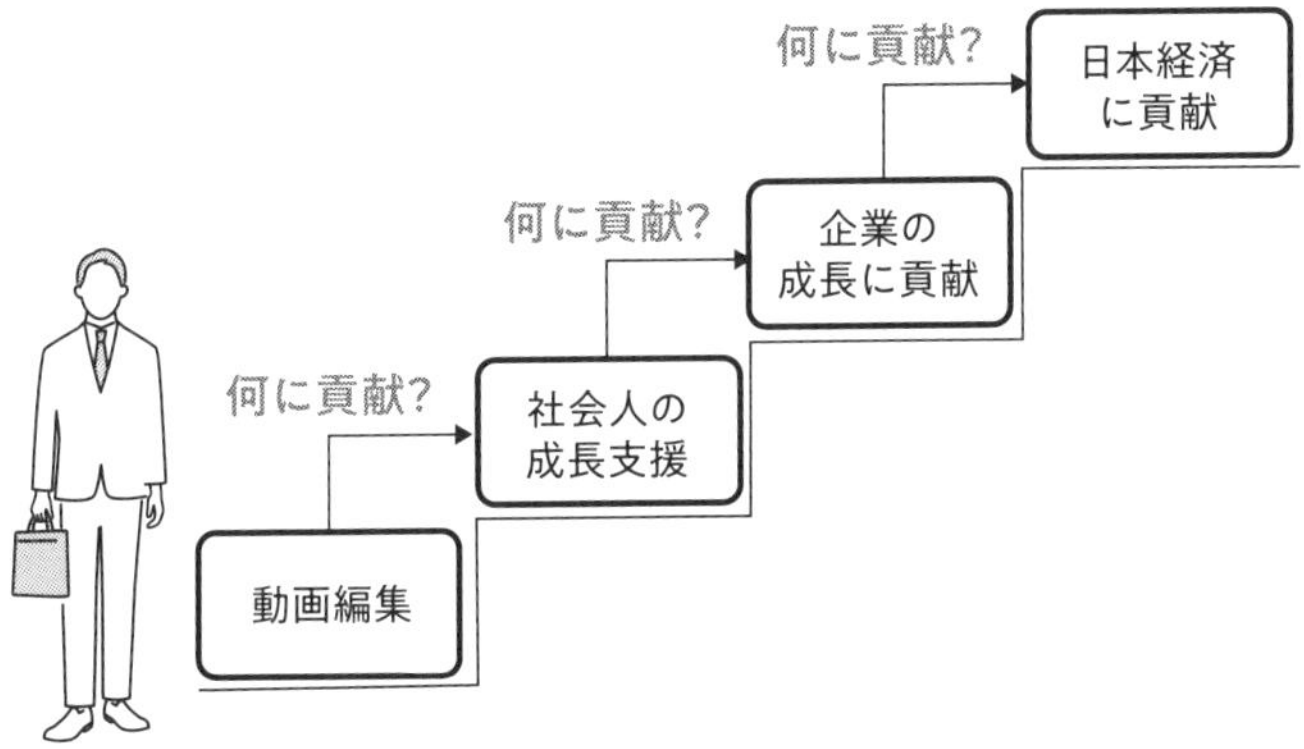

自分の仕事観を深掘ってみる ～キャリア・アンカー～

意味の階段によって向き合う仕事の価値と自分との関係を確認した上で、次におすすめしたいのは、自分の仕事観を改めて言語化するという作業です。ここでは、キャリア・アンカーというフレームワークを紹介したいと思います。

キャリア・アンカーは、仕事を進める上で、自分にとってもっとも大切でどうしても犠牲にしたくない価値観や欲求、動機などを示す概念です。アンカーは船舶の錨《いかり》の意味で、常に立ち返る大切な場所と捉えることができます。アメリカの組織心理学者のエドガー・

図　8つのキャリア・アンカー

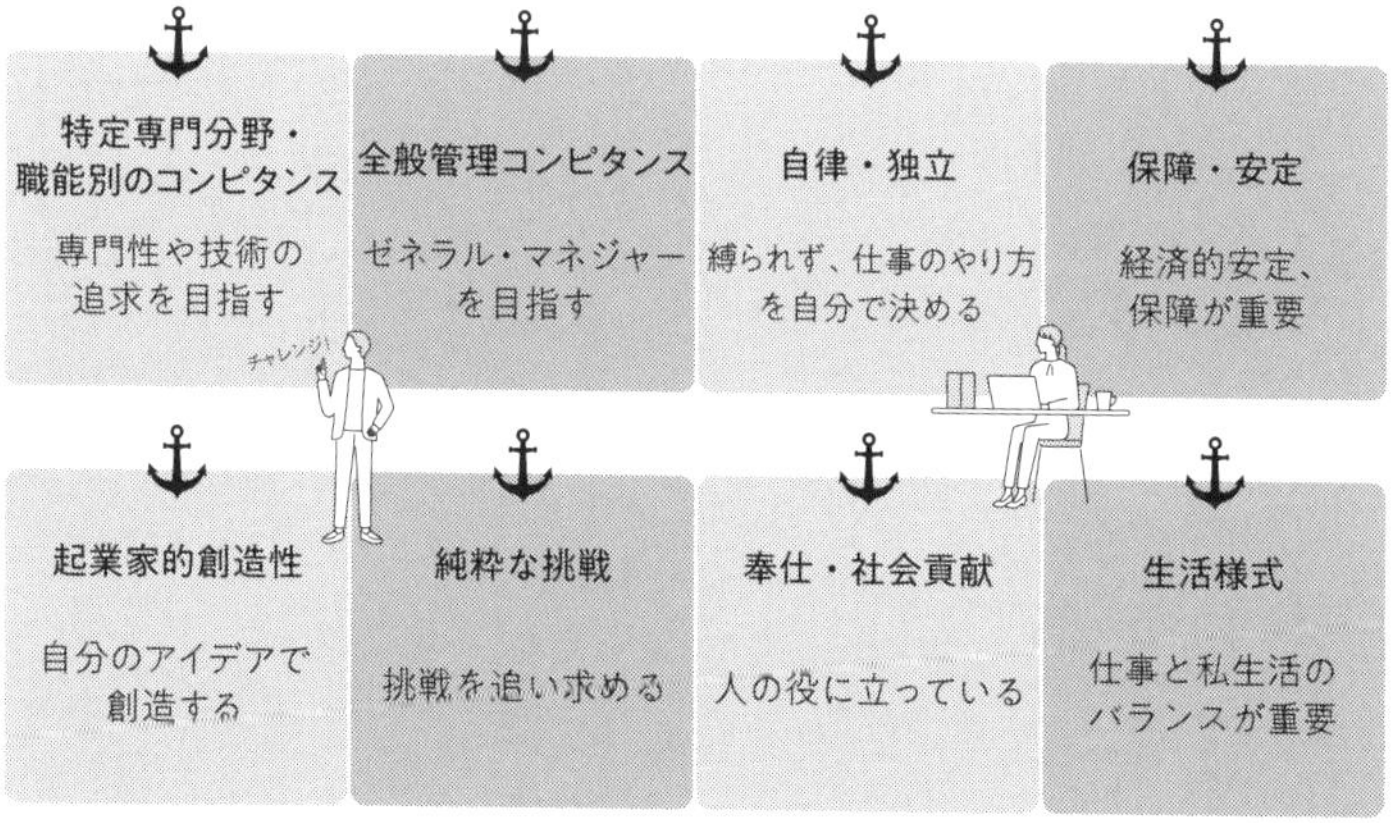

⚓	⚓	⚓	⚓
特定専門分野・職能別のコンピタンス	**全般管理コンピタンス**	**自律・独立**	**保障・安定**
専門性や技術の追求を目指す	ゼネラル・マネジャーを目指す	縛られず、仕事のやり方を自分で決める	経済的安定、保障が重要
⚓	⚓	⚓	⚓
起業家的創造性	**純粋な挑戦**	**奉仕・社会貢献**	**生活様式**
自分のアイデアで創造する	挑戦を追い求める	人の役に立っている	仕事と私生活のバランスが重要

出典：「キャリア・アンカー ～自身の価値観や欲求を知る～」GLOBIS 学び放題

シャインによって提唱されたこの理論は、人々がキャリア選択をする際の重要な要因を示すとされています。８つのキャリア・アンカーの種類をＰ２４４のイラストで確認できます。

８つのアンカーの優先順位は、人によって大きく異なります。同じような価値観を共有し、性格が似ているように見えても、底に根ざしているモノは異なるということが大いにあり得ます。そのため、このキャリア・アンカーを明らかにすることは、自分の仕事への向き合い方に影響を与えると同時に、部下をもつマネジャーにとっては、部下のモチベーションの源泉を把握したりキャリア開発の参考にできます。

キャリアアンカーは以下の３つのステップで確かめることができます。

①自己診断
②インタビュー
③決定

①の自己診断では、「キャリア指向質問票」に回答します。質問は全40問で構成されており、「そう思わない」から「そう思う」までの6段階で自己評価します。その得点を集計することで、自身のキャリアアンカーを明らかにしていきます。

キャリア指向質問票の例：

1.「このことならあの人に聞け」と絶えず専門家としてのアドバイスを求められる分野でうまくやっていくことをめざす。

2. 他の人びとのやる気をまとめあげ、チームをマネジメントすることによって大きな成果を上げることができたときに、もっとも大きな充実感を仕事に感じる。

3. 自分のやり方、自分のスケジュールどおりに、自由に仕事ができるようなキャリアをめざす。

このような質問が、全40問用意されています。この質問票はインターネット等で無料で公開されているものもありますので、興味がある方は調べてみてください。

②のインタビューでは、他者にインタビュアーになってもらい、次のような質問を自分に投げかけてもらいます。

あなたは何が得意ですか？
あなたは何をやりたいですか？
何をやっていると充実しますか？

他者からの質問に答えることで、より本音に近い回答が引き出されるとされています。インタビューが終わったら、結果を受け取り、その内容を改めて振り返っていきます。

図　キャリア・アンカーの確かめ方

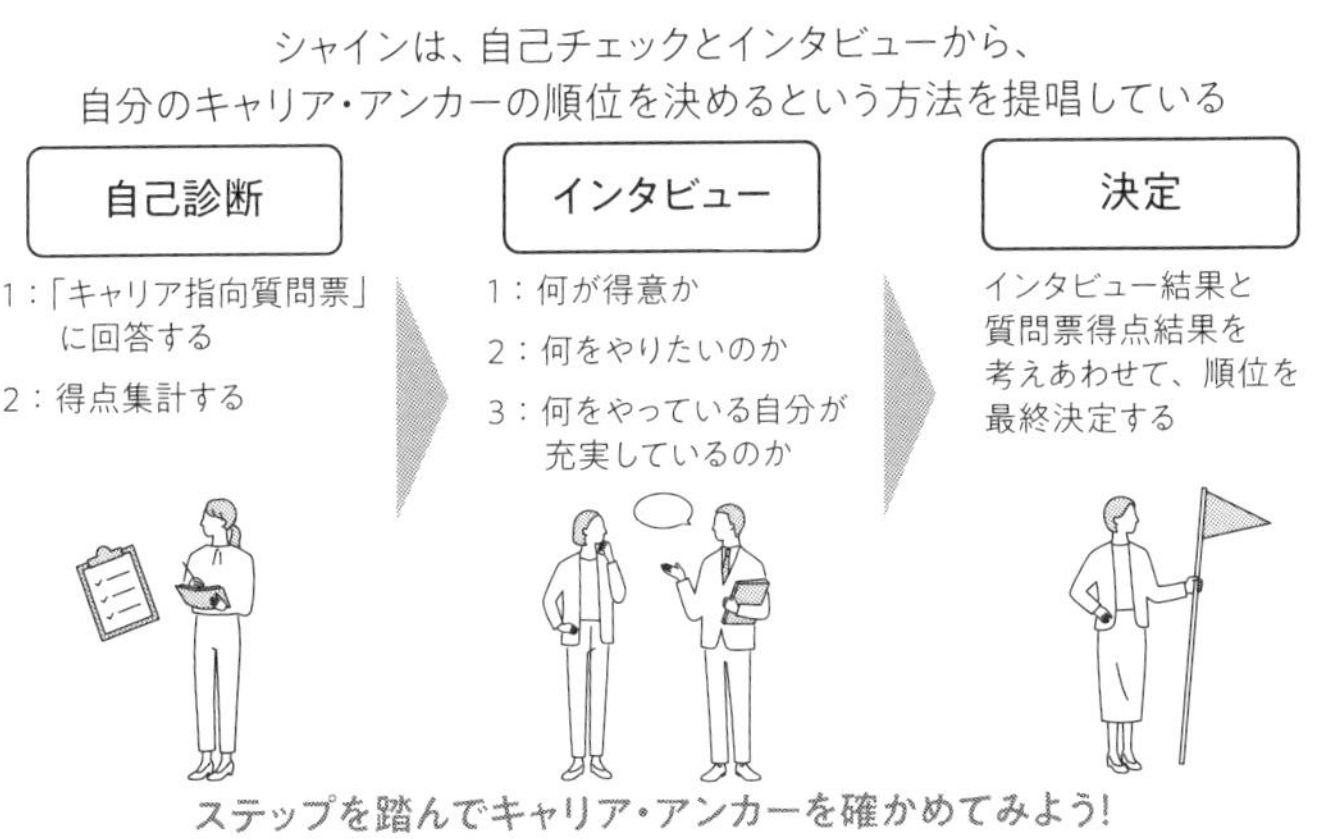

シャインは、自己チェックとインタビューから、
自分のキャリア・アンカーの順位を決めるという方法を提唱している
2：得点集計する

1：何が得意か

インタビュー結果と質問票得点結果を考えあわせて、順位を最終決定する

出典：「キャリア・アンカー ～自身の価値観や欲求を知る～」GLOBIS 学び放題

③の最終ステップで、①と②の結果を踏まえて自分を振り返り、8つのキャリアアンカーからもっとも自分の価値観に近い内容を決めていきます。

なお、このキャリア・アンカーは、年齢や経験を重ねるにしたがって変化していくとされています。そのため、数年ごとに活用してもよいかもしれません。私自身も過去に2度ほど活用したことがあります。30代前半の頃は「自律・独立」、「起業家的創造性」が特徴として出ていましたが、40代に入ってからは「奉仕・社会貢献」、「純粋な挑戦」などが価値観として強くなっていました。必ずしもこの価値観が全てではありませんが、私自身、新しい仕事を受ける際や目標を決める際に、これらの価値観が土台になっていると感じています。

自分から見える自分、他人から見える自分〜ジョハリの窓〜

「あなたの強みを教えてください」

このような質問を、就職活動や上司との面談などで受けた人も多いと思います。実際、私も前職から現在の会社に転職する際に、自分の強みや弱みなどを洗い出してみましたが、とても難しい質問であることに気付かされました。自分が強みとする根拠や理由が、極めて主観に頼っているため、他者からみた自分の強みを洗い出そうとした途端に作業の手が止まってしまったのです。このように、普段、自分の強み・弱み・特徴と信じていることに対して、どれくらい確信を持っているか？　と問われると、多くの人は不安に感じてしまうものだと思います。

そこで、今の自分に対して主観・客観双方から正しく把握するための便利なツールとして、「ジョハリの窓」というフレームワークを紹介したいと思います。このフレームワークは、１９５５年に心理学者のジョセフ・ルフトとハリー・インガムによって考案されました。両者の名前（ジョセフとハリー）を組み合わせて「ジョハリの窓」という名称が付けられています。

窓は４つの領域に分けられており、それぞれが自分と他人が自分についてどれだけ知っているかを示します。それぞれの内容と活用方法を見ていきましょう。

開放の窓

自分と他人が知る情報を示します。この項目が多い場合は、自分について理解しているだけでなく、周囲に対して自己開示が十分にできているので、その認識が周りと乖離していないと考えられます。**自分も他人も認める自分の特徴は何か？** という問いに答える領域です。

盲点の窓

他人は知っているが自分は知らない情報を示します。自分の認識と他人の認識のズレが表れる領域とも言えます。ここに該当する項目が多い場合は、自己分析が客観的にできていない可能性があります。長所・短所ともに他人からの認識を素直に受け入れ、改善できるとよいでしょう。**他人は知っているが、自分は知らない特徴は何か？** という問いに答える領域とも言えます。

秘密の窓

自分は知っているのに相手は知らない領域です。ここに記述される内容は、自分のことを適切に表現できていない、もしくは無意識のうちに隠してしまっている可能性があります。この領域が大きく、自己開示が思うようにできていないと感じる場合は、周囲とコミュニケーションする際に積極的に自己の特徴を伝えるように意識してみてください。この窓では、**自分は知っているが他人は知らない特徴は何か？** に答えます。

未知の窓

自分も他人も気づいていない領域は、能力開発することにより、他の3つの窓のいずれかに繋げることができるかもしれない領域です。自分に備わっていない特徴・能力を意識的に向上させることで、「開放の窓」領域を新たに広げていくきっかけになります。最後の窓では、**自分からも他人からも見えない、将来の可能性となり得る特徴は何か？** という

図　ジョハリの窓

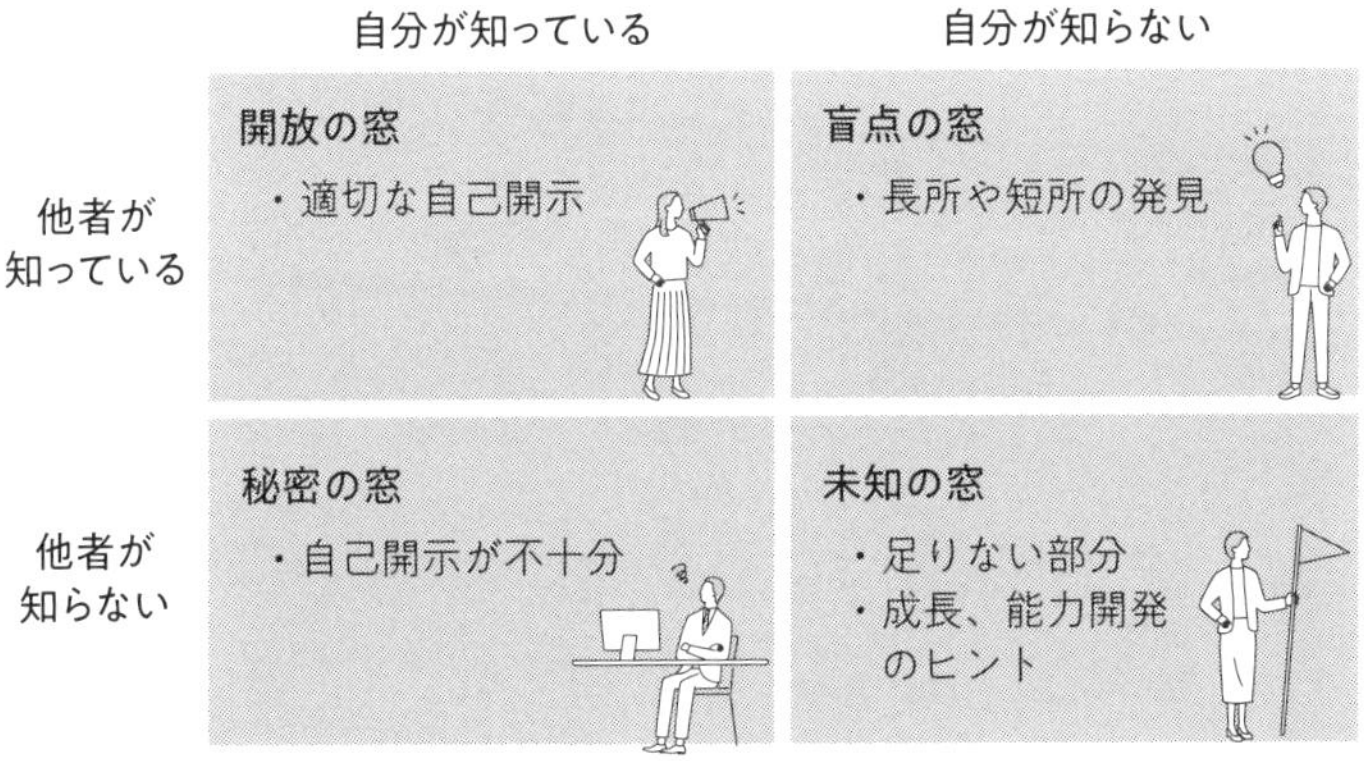

出典：「ジョハリの窓 ～未知の自分を発見し対人関係に活かす～」GLOBIS 学び放題

問いに答えます。

次に具体的な実施方法を解説します。1つの決まったプロセスがある訳ではありませんが、私の経験を踏まえてシンプルに3つのステップを紹介します。

ステップ1：

性格や能力を表現する一般的なキーワードを20個程度用意します。キーワードの参考としては、以下のようなものが挙げられます。

賢い、創造的、企画者、根気強い、上昇志向、行動派、慎重、優しい、リーダー、気配り、責任感、聞き手、話し手、自信家、頑固、表情豊か、親切、楽観的、決断力、協調性

ステップ2：

上記のキーワードを参考に、自分をよく知る数人（友人、同僚、上司など）に依頼して、当てはまる内容を紙にリストアップしてもらいます。加えて、自分自身でも同様にリストアップしていきます。

ステップ3：

他者と自分がリストアップしたキーワードを集めた後、以下の基準に沿って分類します。

・開放の窓：自分も他人も選んだキーワード
・盲点の窓：自分は選んでいないが、他人が選んだキーワード
・秘密の窓：自分は選んだが、他人は選ばなかったキーワード
・未知の窓：自分も他人も選ばなかったキーワード

この4つの分類を、前述の4つの窓それぞれに関する説明を踏まえて見直すと、改めて自分の理解を深めることに役立てられます。とくに自分が知らない「盲点の窓」、「未知の窓」については、意識的に能力開発に取り組むことで、新しい自分の可能性に触れることに繋がります。

自分が未来へ向かっていく方向性を知る

過去から現在までの自分を振り返り、自分を再発見するプロセス、それに紐づく問いをみてきましたが、次に未来へ向けた自分というテーマをみていきたいと思います。「自分は何をしたいのか？」という大きな問いに正面から向き合う内容でもあります。

これまで本書で述べてきた通り、何をしたいのか？　何をするべきか？　という問いに対しての答えは、外にあるのではなく、自分の内にあり、最終的には自己決定することが必要です。そして、決めた上で行動することを通じて再発見を繰り返し、曖昧だった自分の方向性が徐々に明らかになっていくものです。しかし、内面を深掘っても「ないものは、ない！」と感じる読者もいると思います。実際、一時期の私もそうでした。真剣に自分の過去・現在の自分を深掘りをして将来を導こうと考えても、難しいと感じてしまう時もあるでしょう。

そこで、私がおすすめしたいのは、**「社会課題に触れて自分がどこで心が揺さぶられるのか？」を明らかにすること**です。

なぜ、社会課題に触れることが、将来の自分のやりたいことにつながるのでしょうか。社会課題とは、例えば、貧困問題・環境問題・食料問題・水資源の問題・教育格差の問題などであり、私たちが暮らす社会には数えきれないほど多くの課題が溢れています。これらの課題は、いずれも原因が複雑に絡み合っており、解決までの時間も長くかかるのが実情です。一方で、日々私たちが向き合う仕事は、これらの社会課題とは無関係のように感じてしまいます。しかしながら、成長業界や急成長企業というのは、緊急性が高くインパクトも大きな社会課題の解決に繋がっていることが多いのです。例えば地球環境問題などは、日本だけではなく世界中で、グリーン・トランスフォーメーションと呼ばれる、環境問題を解決するための様々な技術やアイデアが生み出されています。

さらに言えば、伸びている産業かどうかにかかわらず、事業というものは何らかの形で社会課題の解決に繋がっていると解釈できます。前述の「意味の階段」パートで解説した通り、自分が向き合う仕事が最終的にどのような社会課題解決に繋がっているのかを理解することはとても大切であり、その向き合う課題に対して自分が強く共感できる場合には、仕事への高い動機づけになるでしょう。

背景を確認したところで、具体的なアクションをみてみたいと思います。

①社会課題に触れる機会を作る
②感情をラベル化する
③解釈し行動に繋げる

順番にみていきましょう。

①社会課題に触れる機会を作る

先ほど触れたように、私たちが暮らす社会には多くの課題が存在します。自身が少しでも興味のあるテーマがあったら、その課題に触れる機会を作りましょう。ここでの「触れる」というのは、その課題に関連する資料を読んでみたり、現場で働いている人のインタビュー記事を読んだり、といったことです。実際に話を聞くのもよいでしょう。さらに踏み込んで、実際に課題が発生している現場を訪問し、そこで何が起きているのかを見学するという行動もおすすめします。

　フリマアプリで有名な「メルカリ」を創業した山田進太郎氏は、キャリアの途中で世界放浪の旅に出た際に、一方では物が溢れて破棄されているのにもかかわらず、他方では今日の食事にもありつけないほど貧しい生活を送る人がいるという事実に、大きな疑問を持ったとインタビューで述べています（出典：mercan）。そして、その強い原体験が、その後の彼のメルカリ立ち上げ・急拡大に繋がったと言います。

図　SDGs

出典：国連連合広報センター

どのような社会課題に興味があるか検討もつかないという場合は、例えば２０１５年に国際連合によって採択されたＳＤＧｓで取り上げられている、「17の目標」の中からピックアップしてみるのもよいでしょう。17の目標それぞれが、非常に深刻な社会課題に関連しており、それらの課題解決に向けて多くのプレイヤーが取り組んでいます。

②感情をラベル化する

次のステップでは、実際に社会課題に「触れた」後の自分の感情にラベル化していきます。大変そうだな、可哀想だな、自分とは違う世界だな、と感じることもあれば、憤りを感じ、解決しなければいけない、なぜこの課題が放置されているのかと怒りを感じることもあるでしょう。ここで大切なことは、自分の「素直な感情」を書き出すことです。

このように、普段の生活で触れる機会の少ない現場に直面すると、感情が揺さぶられたり、心の中にモヤモヤが残ることがあるでしょう。多くの場合、このモヤモヤは言語化されることなく、時間の経過とともに忘れ去られてしまいます。しかし、この言葉にならない感情こそが大切であり、将来の自分を突き動かすヒントが隠されています。なぜなら、人は興味関心がないことには感情が反応しないケースが多いからです。逆に言えば、社会課題に触れて感情を大きく揺さぶられたということは、そこに自分の価値観に根差した何かがあり、その何かが自分を突き動かすものになる可能性があるのです。そのヒントを意味あるものにするために、「感情をラベル化する」という作業が存在します。

③解釈し行動に繋げる

最後のステップでは、ラベル化した感情を解釈し、それを行動に繋げていきます。これまでのプロセスで、気になる社会課題に触れ感情が揺さぶられ、モヤモヤが発生し、その内容を振り返り、ラベル化つまり言葉として書き出されています。その言葉をみながら、以下のような「問い」に向き合います。

- **なぜ、自分はこのような感情になっているのか？**
- **自分の過去の経験と、今回の感情は何か繋がりがあるのか？**
- **今回触れた社会課題に、自分は向き合いたいと思うか？それはなぜか？**
- **現実的な一歩目として、どのような行動が取れるか？**

上記の問いに向き合う際は、できれば30～60分程度の時間、ひとりになれる静かな環境を確保できるとよいでしょう。私自身も、様々な局面で自分と対話する機会がありますが、その際は早朝に時間を確保することが多いです。家族も世間もまだ起きていない、メールやチャットも届かない環境は、自分と向き合う時間としては最適です。

前述した問いの4つ目に、「現実的な一歩目」と表現しましたが、まさにここが大切になります。自分の感情が揺さぶられて、興味を強く持ったとしても、いきなり転職・起業など行動に移すのはリスクが高いです。一方で、何もしなければ、せっかくの解釈も数週間後には記憶の奥底にしまい込まれることになります。そこで、おすすめしたいのは、リスクが少なく実現可能な行動を決めるということです。例えば、興味あるテーマに対して1時間確保してしっかり調べてみる、次の週末にその業界で働く人に詳細の話を聞いてみる、いきなり採用面接ではなく、該当企業の会社説明会やカジュアル面談に応募してみるなどです。

このような小さな、現実的な行動から始めてみて、それでも興味が次から次と湧いてきて、かつ自分の生活を維持しながら、将来の展望が持てると確信できるのであれば、大きな方針転換をするのもありだと思います。逆に、このプロセスを通じて、実際に動いてみたら興味や覚悟を持つほどではなかったと知ることもあるでしょう。その場合、これまでの動きは無駄になるのでしょうか？ そうは思いません。特定領域に興味がなかった、という気づきそのものが実はとても意味があることであり、その理由を正しく知ることは次の自分の方向性を定める場合にもきっと役に立つはずです。

以上、ここまで「自分らしさ」を再発見する問いの設定力として、過去・現在・未来の視点で「自分らしさ」を再発見するための方法論や問いのサンプルをみてきました。前章で「自分らしさ」の定義を、「〝自分と呼ぶにふさわしい〟と、本人が思う認識の強さ」と紹介しました。私たちの生活はひとりでは成り立たず、周囲の関係する人・所属組織・家族などからの期待もあり、それに応えることも必要でしょう。しかし、だからといって多くの判断を他人〝らしさ〟に従うのでは、これからの時代に苦労するかもしれません。何よりも、楽しく生きていくことはできないのでは？ と私は考えます。今回紹介した考え方が、読書の皆さん一人ひとりの「自分らしさ」の再発見に繋がることを願っています。

おわりに

問い続けることの意味

自分を信じて、人間らしく生きる

東洋思想に古くから伝わる「致良知《ちりょうち》」という言葉があります。「良知」は、人間が生まれながらに持つ〝正悪を判断する知恵〟や〝他人を思いやる心〟などのことであり、その良知に沿って生きることを「致良知」と言います。良知という言葉は、古代東洋の思想家でもあり性善説を説いた孟子という人物が残したものであり、その考え方を発展させる形で王陽明という人物が致良知という考えを提唱したとされています。ちなみに、王陽明がまとめあげた「陽明学」という思想は、吉田松陰や西郷隆盛、三島由紀夫など後世の日本人にも大きな影響を与えたと言います。

20代の頃、幕末の志士たちの伝記を読み進める中で「致良知」に出合って以来、私はこの考え方にとても影響を受けてきました。それは、人間が生まれながらに正しい知恵や他人を思いやる心を持っているという「性善説」に沿った考えをベースにしているためです。本書で紹介してきた「自分らしさ」に沿って生きるためには、自分を信じる気持ちが何よりも大切です。自分なんて、自分はできないと自分を過小評価してしまう際には、人間である自分は正しい考えや思いやりある心を生まれながらに持っている、と信じることで前向きで明るいエネルギーが湧いてきます。そして、その自分を信じることこそが、「自分らしさ」に沿って生きるためのもっとも大切な考え方だと私は思います。

自分に降りかかる全ての物事を解釈し、最善観で捉えていく

もうひとつ、私が強く影響を受けた「最善観」という言葉があります。その意味は、「わが身に降りかかる一切のこと、それは自分にとって絶対必然であり、また実に絶対最善である」という考えです。教育哲学者の森信三氏が残した言葉です。人生は良いことだけではなく、時には想像を絶するような辛い体験を伴うものです。なぜ自分だけが苦労するのか、このような不幸に見舞われてしまい自分は運が悪い、と悲嘆してしまうこともあるで

しょう。しかし、それらの辛い経験も必然であり、長い目で見れば良い出来事であると信じることが、まさに最善観です。

私は20代後半の頃、数年前に仲間と立ち上げた会社の業績も好調で、明るい未来を描いていました。そのような中、急に大きな病気にかかり数カ月間仕事を休むことになりました。副社長という立場で休職するなんてとんでもない、皆に迷惑をかけたくないという気持ちとは裏腹に、身体がついてきません。ジェットコースターのように最上部から最下部に急降下した気分でした。毎日無気力で、自責の念に押しつぶされそうな状態でした。そんな中、たまたま読んでいた本で「最善観」という言葉に出会いました。そして、「起きた出来事は、自分にとってどのような意味があるか?」という問いを投げかけ、解釈しようとしました。休職期間中、何度も考え続けるうちに、病気が与える前向きな側面を見るようになりました。結果として、数カ月間の療養の間に、自分の働き方を見直し、そして自分が本当に大切にしたいことや、人生で成し遂げたいことを再確認することができたのです。

起きた出来事は、自分にとってどのような意味があるか?

この問いを自分に投げかけ解釈し、最善観を持って前向きに捉えていく。本書のテーマでもある、「問いの設定力」の中でもとくに重要な考え方です。

先義後利で判断できているかを自らに問う

最後にもうひとつ、私の人生の指針にもなっている言葉を紹介したいと思います。それは、「先義後利《せんぎこうり》」つまり、先に人として果たすべき義務を果たした後に利益がついてくるという、単純な意味です。東洋の思想家である荀子《じゅんし》が残した言葉と言われています。振り返ると、小さな頃から先に利益を求める行動をとると、決まってあとで大きな困難にぶつかることが多かったように思います。現代の社会で発生している多くの問題や不祥事も、人としての道理や義務を果たす前に、自己や自社の利益を求めることが要因になっていると考えます。先義後利の考え方に出会ってからは、物事の順番や判断に迷った際には、

自分は、先に果たすべき義務に向き合っているか？　先に利益を求めようとしていないか？

と自分の良心に向けて問いかけることを意識してきました。短期的には損をしているように感じても、不思議と長期的には帳尻があうものです。何よりも、良心に沿って判断した時は、結果はどうであれ受け止めようと覚悟を決めることができるものです。

利益の「利」という漢字は、農業に由来すると言われています。「禾（いね）」＋「刀」で、農作物を鋭い刃物で収穫する様子を表しています。稲作で例えると、春に田んぼの準備・苗作りをして、夏に田植え・管理をして、秋に初めて収穫が可能になります。春夏の努力をスキップして収穫はできません。それなのに、現代はどうしても急いで利益を求める傾向があるように思えてなりません。先ほど紹介した「先義後利」に沿った問いは、そのような本来のあるべき姿勢を思い起こしてくれます。

本書は様々な方とのご縁と協力によって書き上げることができました。本書で取り上げたフレームワークのうち、とくに引用の明記がないものの多くは、私が所属するグロービスの先輩・同僚の皆さんが積み上げてきたものであり、それを参考にさせていただきました。直接的・間接的にも、グロービスに関係する皆様に深く感謝をしています。また、哲学的・思想的な内容については、歴史上の偉人たちの考え方を参考にさせていただきました。書物を読んで、昔の賢人を友人とすることを「読書尚友《しょうゆう》」と表現するようですが、読書好きの私は、過去の偉人からも多くの影響を与えていただきました。先人たちが積み上げてきた知識を土台に、私たちは生かされていることに改めて気付かされました。

「人間は一生のうちに逢うべき人には必ず逢える。しかも、一瞬早すぎず、一瞬遅すぎない時に」これは、前述の森信三氏が残した言葉ですが、株式会社クロスメディア・パブリッシングの川辺秀美さんとの出会いがこのタイミングでなければ、本書を出版することはできなかったと思います。川辺さんには、何度も議論にお付き合いいただき、出版素人の私に対しても根気強くサポートいただきました。改めて感謝申し上げます。また、本書出版プロセスで様々なサポートをいただいた同僚の北村明子さんにも感謝しています。

また、本書で紹介したビジネスのフレームワークの一部を、巻末にまとめています。「ＧＬＯＢＩＳ 学び放題」という動画学習サービスで、フレームワークに関する動画の一部を視聴いただけるようになっていますので、さらに学びを深めたい方はぜひ参考にしてみてください。

ここまで本書を読み進めてくださった読者の皆さん、本当にありがとうございました。
本書の内容が少しでも皆様の人生のプラスになれば、これ以上幸いなことはございません。

2024年3月吉日

鳥潟幸志

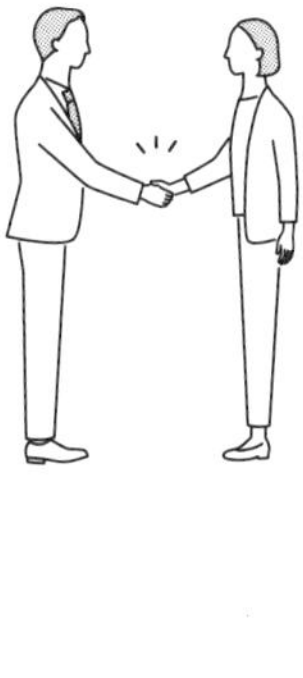

本書内でご紹介した理論やフレームワークをご紹介します。
QRコードからは、「GLOBIS 学び放題」での解説動画をご覧いただけます。
※冒頭を無料で公開中。会員登録で7日間無料体験でき、全編視聴が可能です。

「パワーと影響力（入門編）～人を動かすメカニズム～」

▶本文P204

人や組織に影響を与える力としての「パワー」、そして、人間の一般的な性向を活用し人を動かす「影響力の武器」。
そのどちらも、他人に効果的に働きかけ、自分のやりたいことを実現するためには重要です。

▶本文P216

「マズローの欲求5段階説　～人の欲求段階から動機づけを考える～」

マズローによって提唱されたモチベーション理論。人間の欲求を5段階に分類し、重要性に従ってそれらが階層構造をなしているとしています。
組織マネジメントを考える際にも活用できます。

「キャリア・アンカー ～自身の価値観や欲求を知る～」

▶本文P244

「キャリア・アンカー」では、キャリアを選択する上で重要視するポイントや譲れないポイントに応じて、8つの類型が示されています。
キャリアを舵取りする上でよりどころとなるものです。

▶本文P251

「ジョハリの窓 ～未知の自分を発見し対人関係に活かす～」

ジョハリの窓は、他者に対してどの程度自己開示しているかを知り、自身を再発見し他者との円滑なコミュニケーションを模索するためのツールです。

巻末資料

「フォロワーシップ 〜組織貢献を能動的に行う〜」

▶本文P34

フォロワーシップとは、リーダーについていく人である「フォロワー」が持つスキルやマインド、行動のこと。
リーダーシップに様々なタイプがあるように、フォロワーシップにも様々なタイプがあります。

▶本文P53

「リーン・スタートアップ 〜新規事業をスピーディに成功させる〜」

リーン・スタートアップとは、検証による学びを通して、顧客が必要とする新製品やサービスを、より早く高確率で生み出すための手法です。

「クリティカル・シンキング2（問題解決編）」

▶本文P101

問題解決力は、新入社員から経営者まで、ビジネス、プライベートを問わず日常的に必要なスキル。
このコースでは、そもそも問題解決とは何かを学ぶことができます。

▶本文P156

「ビジネスの全体像ってどうなってるの？」

ビジネスについて学び始めるときや、何を学ぶべきか迷ったときに役立つ動画。ビジネスの全体像を知ることは、「多面的な視点」を得るためにも重要です。

「ティール組織 〜新しい組織の在り方、その特徴と課題〜」

▶本文P190

ティール組織とは、今までの組織の概念とは異なる新しい組織のあり方。
どのような特徴を持った組織がこれまでにあったのか、ティール組織はどのような特徴と課題を持つのか、本コースで学んでいきましょう。

［著者略歴］

鳥潟幸志（とりがた・こうじ）

株式会社グロービス マネジング・ディレクター
GLOBIS 学び放題 事業リーダー
グロービス経営大学院教員
埼玉大学教育学部卒業。サイバーエージェントでインターネットマーケティングのコンサルタントとして、金融・旅行・サービス業のネットマーケティングを支援。その後、デジタル・PR会社のビルコム株式会社の創業に参画。取締役COOとして、新規事業開発、海外支社マネジメント、営業、人事、オペレーション等、経営全般に10年間携わる。グロービスに参画後は、社内のEdTech推進部門にて「GLOBIS 学び放題」の事業リーダーを務める。グロービス経営大学院や企業研修において思考系、ベンチャー系等のプログラムの講師や、大手企業での新規事業立案を目的にしたコンサルティングセッションの講師としてファシリテーションを行う。

AI《エーアイ》が答《こた》えを出《だ》せない 問《と》いの設定力《せっていりょく》

2024年4月1日　初版発行
2024年6月2日　第2刷発行

著　者　鳥潟幸志

発行者　小早川幸一郎

発　行　株式会社クロスメディア・パブリッシング
〒151-0051 東京都渋谷区千駄ヶ谷4-20-3 東栄神宮外苑ビル
https://www.cm-publishing.co.jp
◎本の内容に関するお問い合わせ先：TEL（03）5413-3140／FAX（03）5413-3141

発　売　株式会社インプレス
〒101-0051 東京都千代田区神田神保町一丁目105番地
◎乱丁本・落丁本などのお問い合わせ先：FAX（03）6837-5023
service@impress.co.jp
※古書店で購入されたものについてはお取り替えできません

印刷・製本　中央精版印刷株式会社

 ISBN978-4-295-40947-2　C2034